Sabine Lohf
Das hab ich selbst gemacht

Sabine Lohf

Das hab ich selbst gemacht

Ein Bastelbuch
für Kinder
ab 4 Jahren
mit Fotos von
Sabine Lohf und Michael Seifert

Die einzelnen Beiträge dieses Buches
erschienen in der Zeitschrift
„Spielen und Lernen"
© Velber Verlag GmbH, Seelze

5 4 3   87 86 85 84

© 1983 an dieser Zusammenstellung
Otto Maier Verlag Ravensburg
rationen: Sabine Lohf
wurf: Achim Köppel
bine Lohf

Inhalt

Das alles braucht ihr für den
Flickenteppich:
Löcherige Strümpfe, alte Gardinen,
Hemden und Kleider und alles,
was ihr sonst noch in der Flicken-
kiste findet. Auch Bast, Wolle, Perlen,
Federn und Holzstöcke könnt ihr
in den Teppich weben.

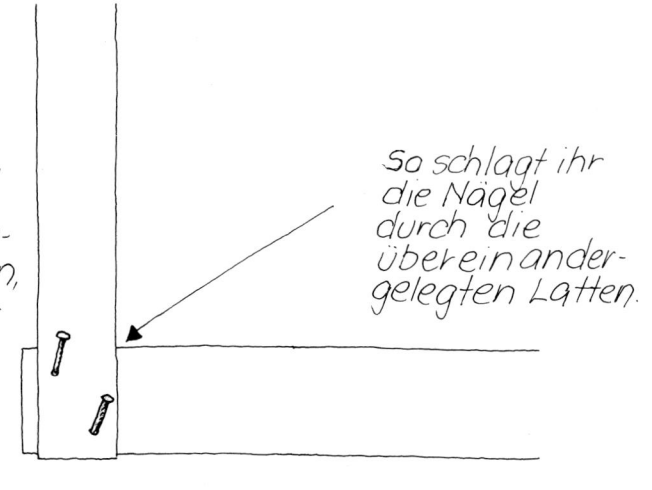

So schlagt ihr
die Nägel
durch die
übereinander-
gelegten Latten.

Zuerst baut ihr einen Webrah-
men. Dazu braucht ihr 4 Holzlatten,
Nägel und einen Hammer.

Alle 4 Holzlatten werden wie
ein großer Bilderrahmen zu-
sammengenagelt. In die obere
und die untere Latte schlagt
ihr viele Nägel.
Dann spannt ihr eine Schnur
von oben nach unten um die
Nägel.

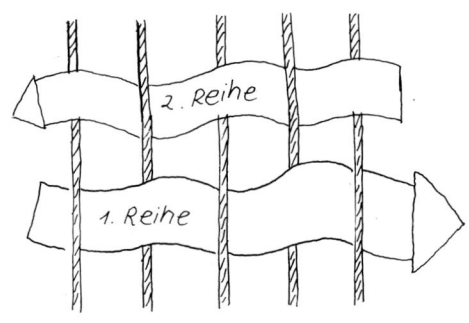

2. Reihe

1. Reihe

Reißt den Stoff in lange Streifen und zieht ihn durch die
Schnüre, einmal oben - einmal unten durch. Die nächste
Reihe entgegengesetzt durch
die Schnüre ziehen.

Flickenteppich

Ein Flickenteppich wie aus dem Morgenland. Aber er kommt bloß aus der Flickenkiste. Wie ihr ihn weben könnt, das seht ihr auf der Seite nebenan.

Für die Schnapptiere
braucht ihr:

Feste Pappe, eine Schere,
Klebstoff, Heftklammern,
etwas Farbe und einen
Pinsel.
Laßt euch beim Schneiden
der Pappe helfen; denn das
ist ziemlich schwer.

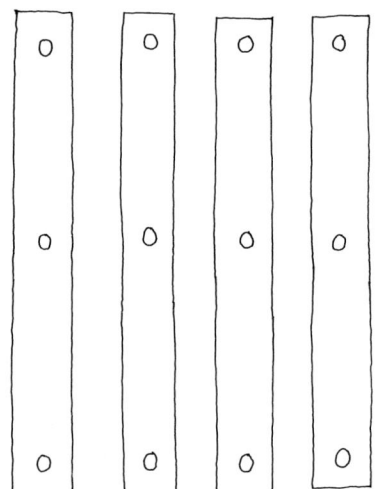

Zuerst schneidet ihr die
Pappe in Streifen. Für jedes
Tier braucht ihr mindestens
4 Stück davon. Bohrt in die
Streifen jeweils 3 Löcher.

Dann schneidet ihr die
Köpfe aus.
Sie können ganz gruse-
lig aussehen, wenn ihr
ihnen spitze Zähne aus-
schneidet.
Habt ihr die Teile ausge-
schnitten, malt ihr den
Kopf an. Mund und Au-
gen nicht vergessen!

Klebt die Kopfhälften so wie
hier auf 2 Pappstreifen.

Die anderen Pappstreifen
legt ihr überkreuzt dahinter.
Durch die Löcher steckt ihr
Briefklammern.

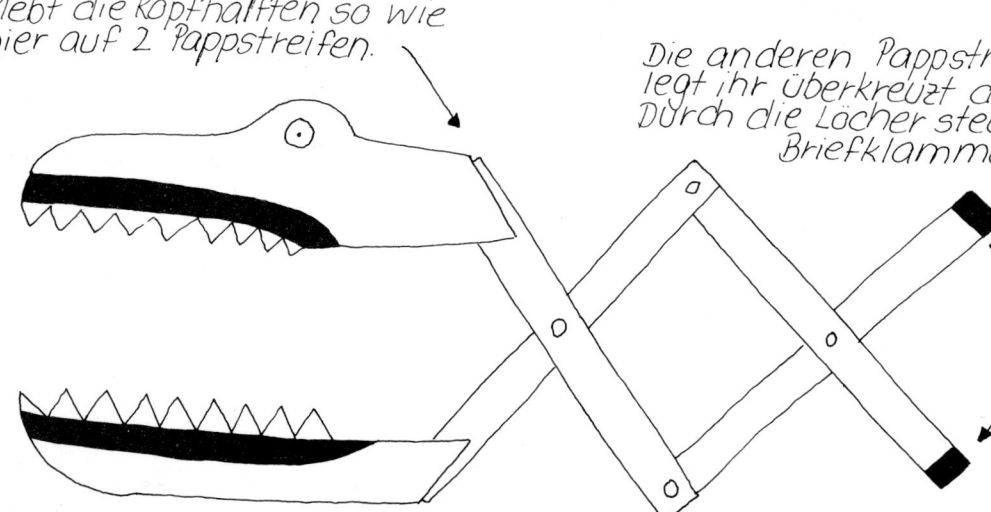

Hier
anfassen

Nun faßt ihr das Tier hinten an, bewegt es wie eine
Schere, dann kann das Maul schnappen und klappen.

Schnipp, Schnapp und Klapp

So heißen sie,
die drei Ungeheuer.
Sie sind prima geeignet
zum Gespensterverjagen.
Und tolle Bühnenstars
können es auch sein, zum
Beispiel in eurem Puppentheater
oder Schattenspiel.

So eine Leine mit bunt bemalten Klammern ist etwas sehr Nützliches: Wenn ihr sie aufgespannt habt, könnt ihr Briefe, Bilder oder Notizzettel daran festklammern.

Krokodil-Rennen

Zuerst bastelt ihr die Tiere. Dann nehmt ihr einen Faden, befestigt an einem Ende ein Krokodil, am anderen Ende einen Zahnstocher.

Und so wird gespielt: Auf ein großes Blatt Papier malt ihr eine Start- und eine Ziel- linie. Auf „Los!" wickelt jeder den Faden seines Krokodils um den Zahnstocher. Aber nicht ziehen, sondern wirklich wickeln. Wer ist zuerst am Ziel?

Klammer-Krokodile

Krokodile und viele andere Tiere könnt ihr aus einfachen Wäscheklammern basteln. Ihr braucht dazu: Farben, Pinsel, etwas Karton, Wollreste, Klebstoff und Wäscheklammern aus Holz. Die Klammern könnt ihr bekleben oder bemalen, entweder so wie diese hier – oder auch ganz anders. Sicher habt ihr viele lustige Einfälle.

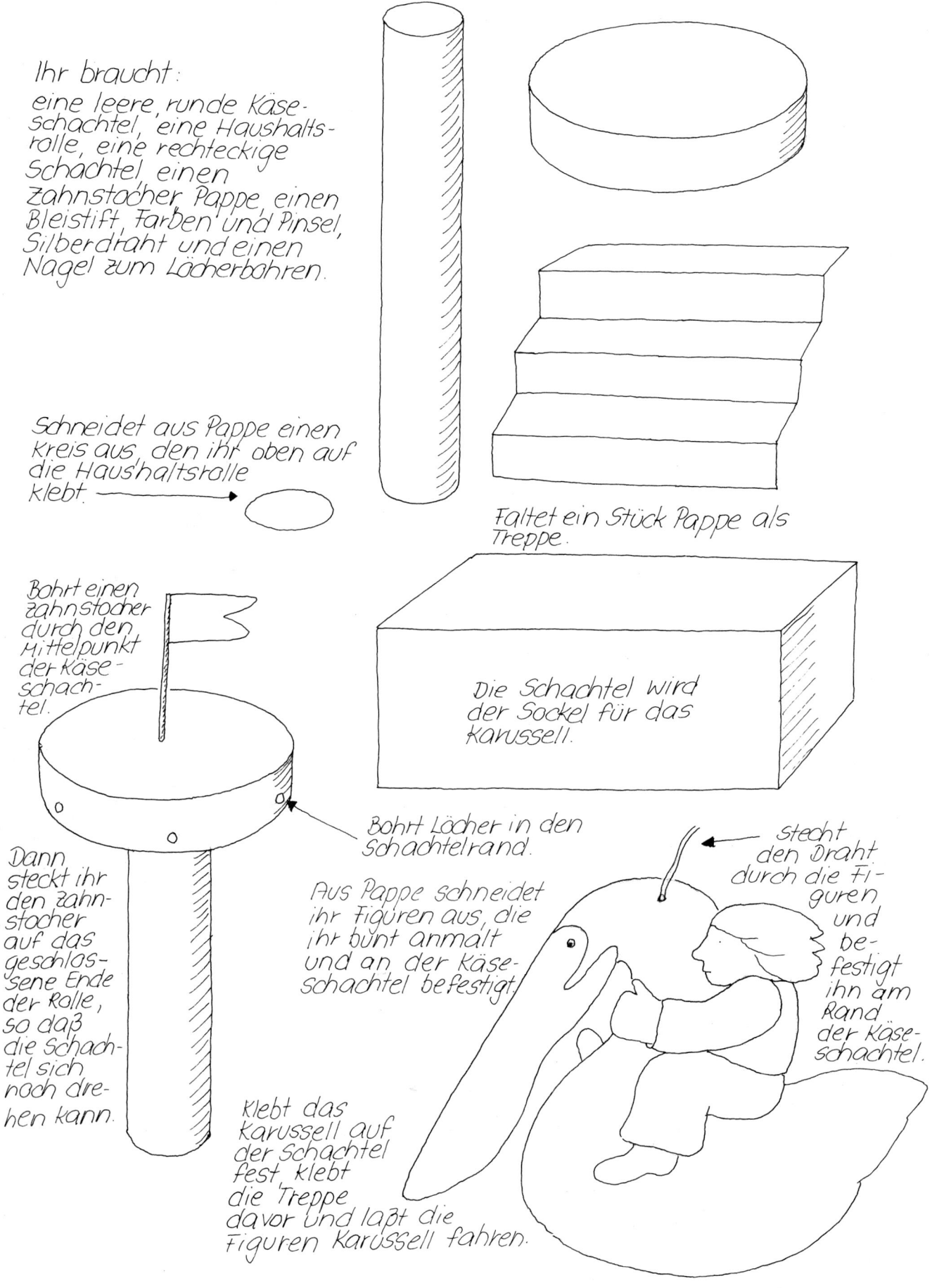

Ihr braucht:
eine leere, runde Käse-
schachtel, eine Haushalts-
rolle, eine rechteckige
Schachtel, einen
Zahnstocher, Pappe, einen
Bleistift, Farben und Pinsel,
Silberdraht und einen
Nagel zum Löcherbohren.

Schneidet aus Pappe einen
Kreis aus, den ihr oben auf
die Haushaltsrolle
klebt.

Faltet ein Stück Pappe als
Treppe.

Bohrt einen
Zahnstocher
durch den
Mittelpunkt
der Käse-
schach-
tel.

Die Schachtel wird
der Sockel für das
Karussell.

Bohrt Löcher in den
Schachtelrand.

steckt
den Draht
durch die Fi-
guren
und
be-
festigt
ihn am
Rand
der Käse-
schachtel.

Dann
steckt ihr
den Zahn-
stocher
auf das
geschlos-
sene Ende
der Rolle,
so daß
die Schach-
tel sich
noch dre-
hen kann.

Aus Pappe schneidet
ihr Figuren aus, die
ihr bunt anmalt
und an der Käse-
schachtel befestigt.

Klebt das
Karussell auf
der Schachtel
fest, klebt
die Treppe
davor und laßt die
Figuren Karussell fahren.

Karussell

Ein Karussell, das sich dreht,
auf dem ihr eure Fantasie-
figuren fahren lassen könnt,
das habt ihr an einem Nach-
mittag schnell gebaut. Nebenan
auf der Seite seht ihr,
wie einfach es zu machen ist.

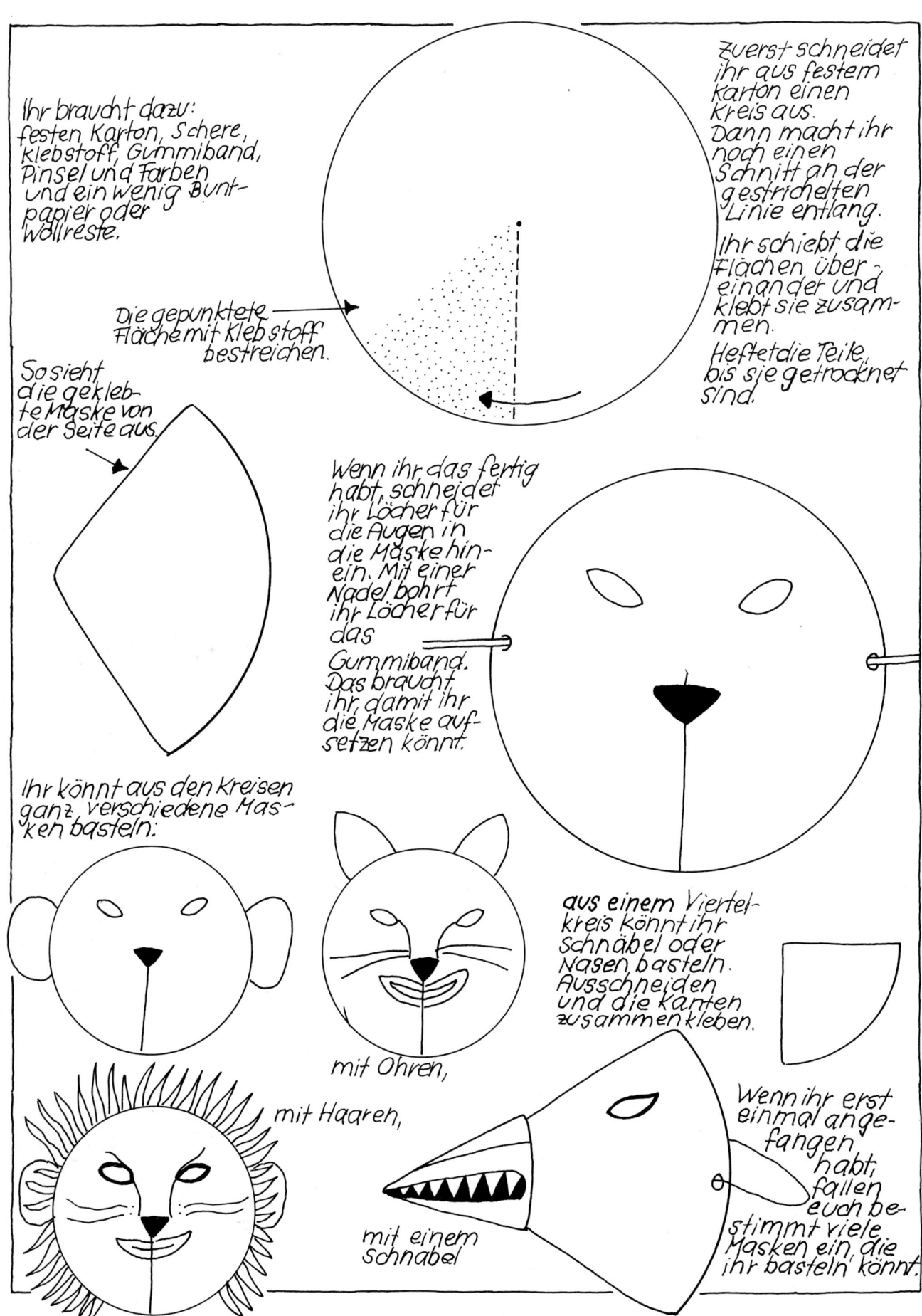

Ihr braucht dazu:
festen Karton, Schere,
Klebstoff, Gummiband,
Pinsel und Farben
und ein wenig Bunt-
papier oder
Wollreste.

Zuerst schneidet
ihr aus festem
Karton einen
Kreis aus.
Dann macht ihr
noch einen
Schnitt an der
gestrichelten
Linie entlang.

Die gepunktete
Fläche mit Klebstoff
bestreichen.

Ihr schiebt die
Flächen über-
einander und
klebt sie zusam-
men.
Heftet die Teile,
bis sie getrocknet
sind.

So sieht
die geklebte Maske von
der Seite aus.

Wenn ihr das fertig
habt, schneidet
ihr Löcher für
die Augen in
die Maske hin-
ein. Mit einer
Nadel bohrt
ihr Löcher für
das
Gummiband.
Das braucht
ihr, damit ihr
die Maske auf-
setzen könnt.

Ihr könnt aus den Kreisen
ganz verschiedene Mas-
ken basteln:

aus einem Viertel-
kreis könnt ihr
Schnäbel oder
Nasen basteln.
Ausschneiden
und die Kanten
zusammen kleben.

mit Ohren,

mit Haaren,

Wenn ihr erst
einmal ange-
fangen
habt,
fallen
euch be-
stimmt viele
Masken ein, die
ihr basteln könnt.

mit einem
Schnabel

14

Maskenfest

Zuerst wollte der Löwe nicht kommen, weil
seine Mähne noch nicht richtig angeklebt
war. Da haben ihm seine Freunde geholfen.
Nun kann das Maskenfest beginnen. Die
Katze, die Maus, der Vogel und ein wilder
Drache sind schon da. Macht ihr auch mit?

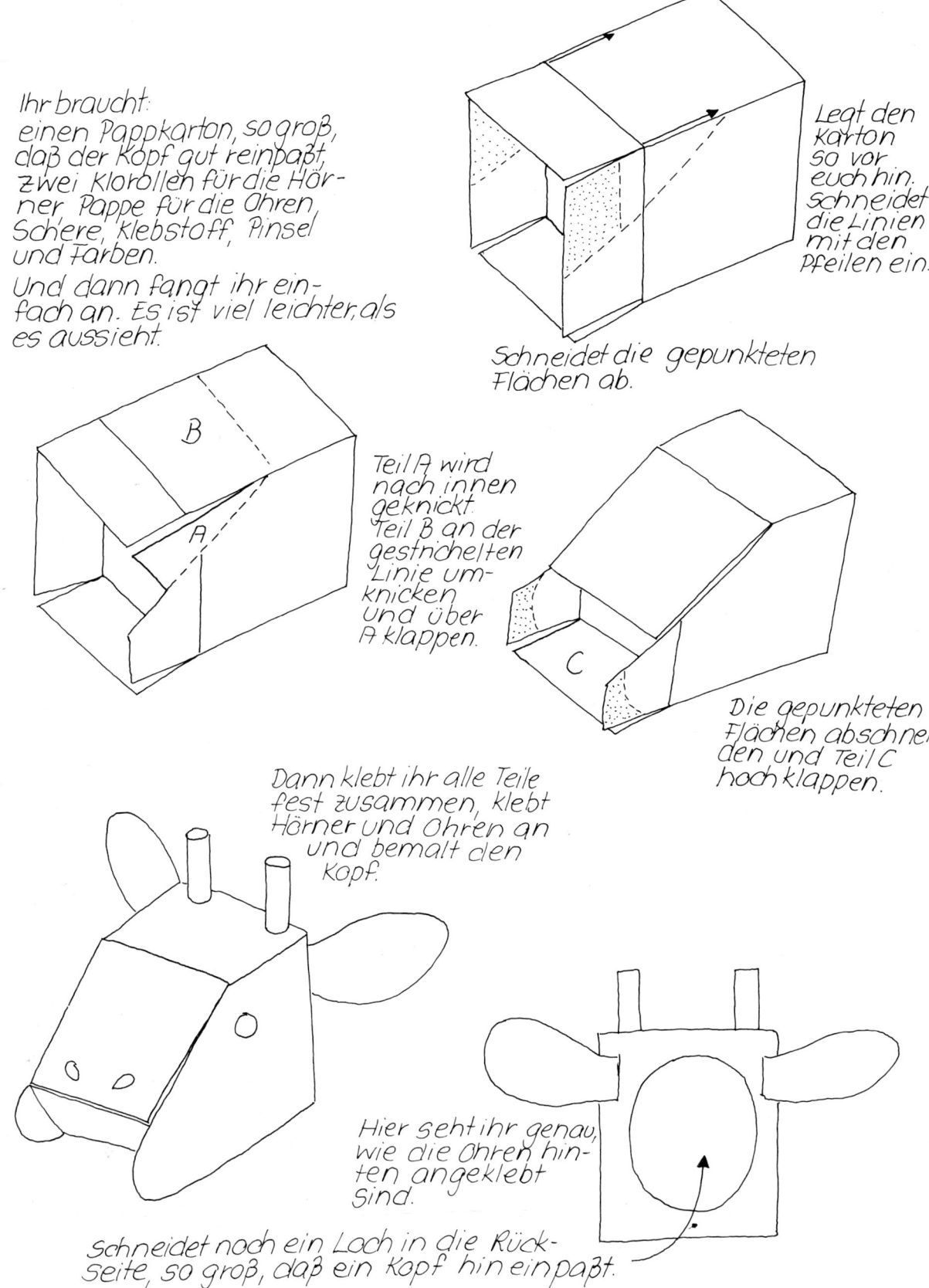

Ihr braucht:
einen Pappkarton, so groß,
daß der Kopf gut reinpaßt,
zwei Klorollen für die Hörner, Pappe für die Ohren,
Schere, Klebstoff, Pinsel
und Farben.

Und dann fangt ihr ein-
fach an. Es ist viel leichter, als
es aussieht.

Legt den
Karton
so vor
euch hin.
Schneidet
die Linien
mit den
Pfeilen ein.

Schneidet die gepunkteten
Flächen ab.

Teil A wird
nach innen
geknickt.
Teil B an der
gestrichelten
Linie um-
knicken
und über
A klappen.

Die gepunkteten
Flächen abschnei-
den und Teil C
hoch klappen.

Dann klebt ihr alle Teile
fest zusammen, klebt
Hörner und Ohren an
und bemalt den
Kopf.

Hier seht ihr genau,
wie die Ohren hin-
ten angeklebt
sind.

schneidet noch ein Loch in die Rück-
seite, so groß, daß ein Kopf hin einpaßt.

16

Die blinde Kuh ist los!

Sehen kann sie kein bißchen, aber horchen und schnuppern umso besser! Gleich rennt sie los, die blinde Kuh… Wie wär's mit einem Kuhkopf für eure Blinde-Kuh-Spiele?

Für 7 Kegelfiguren
braucht ihr:
7 leere Plastikflaschen,
Zeitungspapier, Klebstoff,
Schere, einen Trichter
und etwas Sand, Farben
und Pinsel, Stoffreste,
Wolle und Buntpapier.

Schneidet oder
reißt Zeitungspapier
in Streifen.

Aus einer
Zeitungsdoppel-
seite knüllt ihr
eine Kugel zu-
sammen.
Laßt unten an
der Kugel etwas
Papier überste-
hen, das wird
der Hals.

Klebt nun die Streifen
kreuz und quer um
das geknüllte Papier,
so daß daraus ein
fester Kopf
wird.

Mit einem
Trichter füllt
ihr den Sand
in die Flaschen.
Sie müssen
ungefähr zu
einem Drittel
mit Sand
gefüllt sein,
weil sie dann
nicht so
leicht um-
kippen kön-
nen.

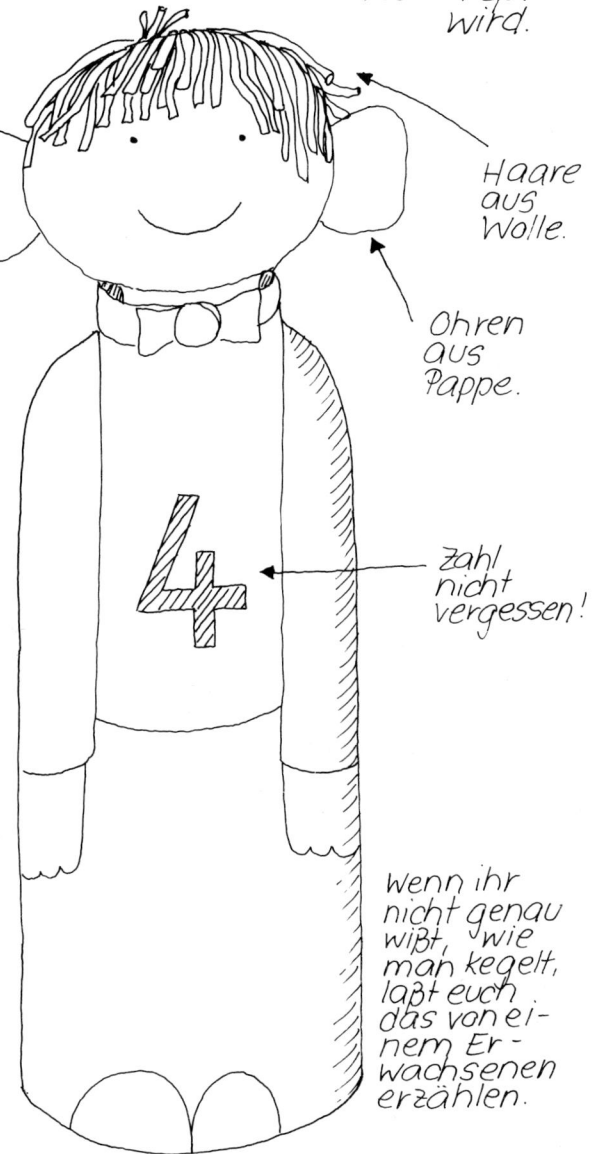

Haare
aus
Wolle.

Ohren
aus
Pappe.

Zahl
nicht
vergessen!

Wenn ihr die Flasche mit Sand gefüllt
habt, steckt ihr den Kopf in den
Flaschenhals. Dann malt ihr die
Figuren an und verziert sie mit
Wolle, Papier oder Stoff. Jede Fi-
gur bekommt eine Zahl auf den
Bauch gepinselt. Der Kegel mit der
höchsten Zahl bekommt eine
Krone, denn er ist der König.

Stellt alle Figuren auf,
holt einen Ball und
versucht, so viele wie
möglich zu treffen.

Wenn ihr
nicht genau
wißt, wie
man kegelt,
laßt euch
das von ei-
nem Er-
wachsenen
erzählen.

Kegelspiel

Die Kegel sind aus leeren Plastikflaschen
gemacht und haben Köpfe aus Papier.
Ihr könnt überall mit ihnen spielen,
drinnen und draußen,
am Strand oder auf dem Spielplatz.

Zwei Spielvorschläge:

Zuerst sucht ihr euch Mitspieler. Ihr braucht noch einen Notizblock, einen Stift und Gummibälle. Die Häuser werden im Halbkreis aufgestellt. Jeder Spieler muß nun dreimal hintereinander in dasselbe Haus treffen. In der ersten Runde ist das Haus mit der Nummer 1 dran, dann das mit der Nummer 2 usw. Ihr spielt so viele Runden, wie ihr Häuser habt. Immer wenn ein Spieler in ein Haus getroffen hat, notiert ihr einen Punkt für ihn. Wer hat am Schluß die meisten Punkte?

Versucht auch einmal, mit verbundenen Augen zu treffen. Jeder darf drei Bälle rollen. Auf einem Zettel werden die Hausnummern aufgeschrieben, die jeder einzelne getroffen hat. Zum Schluß werden alle Punkte zusammengezählt. Vielleicht fällt euch auch noch ein anderes Spiel ein?

Ihr braucht zum Basteln: Leere Schachteln, eine Schere, Klebstoff, Pinsel und Farben.

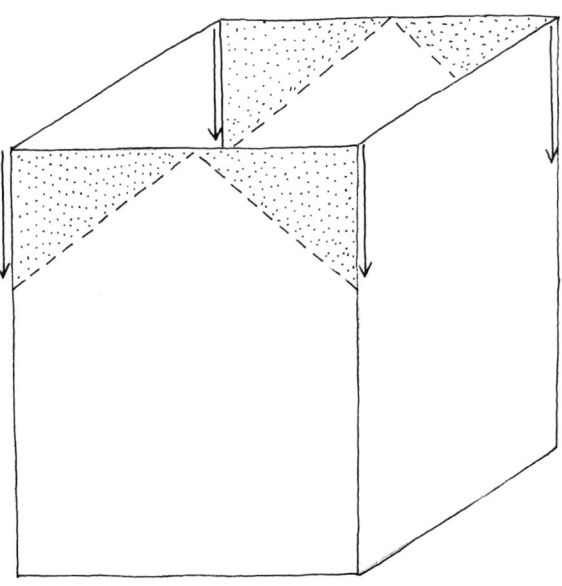

Der Karton wird an den roten Pfeilen eingeritzt. Die gepunkteten Flächen werden abgeschnitten.

Dann werden die hochstehenden Seiten an der gestrichelten Linie nach innen umgeklappt. Die Kanten mit Klebstoff bestreichen.

Ein Stück Karton wird ausgeschnitten, wie ein Dach geknickt und auf das Haus geklebt.

Die Tür schneidet ihr aus. Auch den Boden des Kartons dann können die Bälle besser hineinrollen.

Wenn das Haus fertig ist, könnt ihr es noch anmalen. ——→

1

Ballstraße

In der Ballstraße haben die Häuser keine Türen. Sie stehen offen und warten darauf, daß Bälle hineinrollen. Die Bauanleitung und Spielregel stehen auf der Seite nebenan.

Wollt ihr einen Hühnerhof basteln?
Ihr braucht dafür:
Ausgepustete Eier, Buntpapier,
Karton, eine Schere, Klebstoff,
Farben und Pinsel.

1. So pustet ihr die Eier aus:
Oben und unten werden kleine
Löcher in das Ei gestochen. Ihr
haltet das Ei über ein Gefäß
und pustet kräftig.

2. Dann schneidet ihr aus dem Buntpapier
alle Teile, die ihr hier seht, mehrmals aus.

Der Kamm für die Hennen.

Ein größerer Kamm für den Hahn.

Der Schwanz für die Hennen.

Schnabel

Dieses Teil kommt unter den Schnabel.

Für den Hahn braucht ihr ganz viele bunte Schwanzfedern.

Alle Teile werden an den gestrichelten Linien umgeknickt und an die Eier geklebt.

Flügel →

Wenn ihr wollt, könnt ihr aus Karton ein paar Büsche für den Hühnerhof ausschneiden und grün anmalen.

Unten umknicken, dann steht der Busch.

Einen Kartonstreifen rollt ihr und klebt die Enden zusammen.

Heftet eine Büroklammer auf die Klebestelle, das hält besser.

Fuß

Die Rolle klebt ihr auf den Fuß.

Nun setzt ihr das Ei auf die Rolle und fertig ist das Huhn.

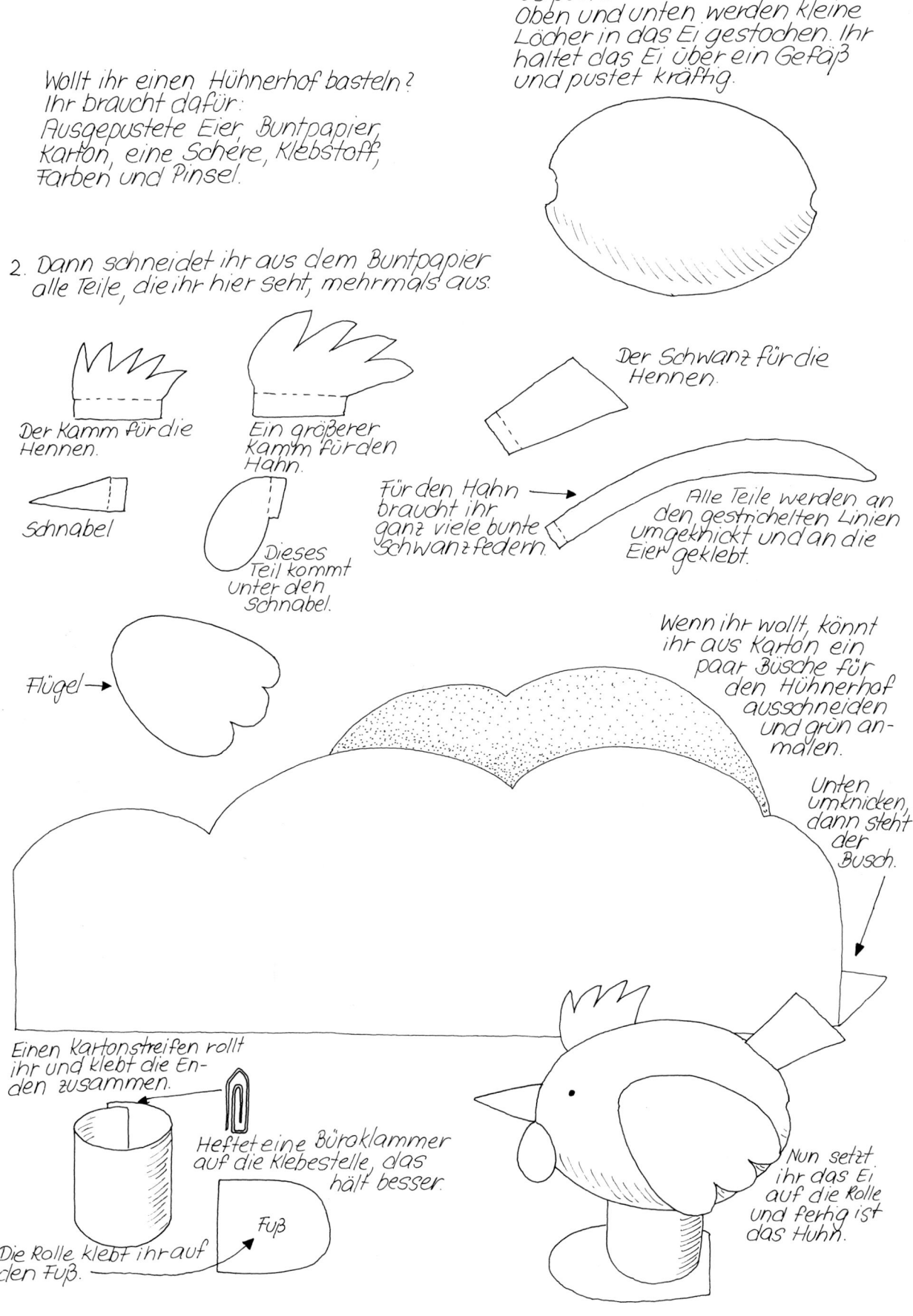

Hühnerhof

Habt ihr Lust, euren Ostertisch in einen großen Hühnerhof mit Hahn und Hennen zu verwandeln? Auf der Seite nebenan steht genau, wie alles gemacht wird.

Für das Huhn braucht ihr:
einen Karton, dünne Pappe,
eine Schere, Klebstoff
und Buntpapier.

Stellt den Karton so hin,
daß die Öffnung unten ist.

Malt euch ein Huhn auf,
das unten so breit ist wie
der Karton.

Schneidet das Huhn 2-mal
aus, klebt es vorn und hinten
auf den Karton und schneidet
unten 3 Öffnungen aus.

2x
ausschnei-
den

Breite des
Kartons

Dann reißt ihr das Buntpapier
in kleine Schnipsel und klebt
dem Huhn damit ein schönes,
buntes Federkleid.

1 2 3

Zum
Schluß
schnei-
det ihr
Zahlen aus
und klebt
sie auf.

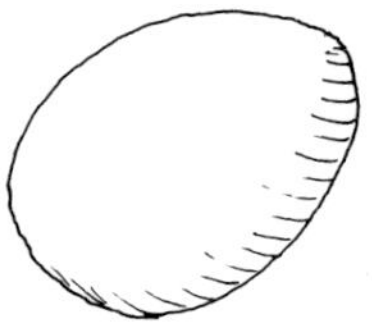

Dann könnt ihr das Huhn aufstellen
und hart gekochte Eier in den Hühnerbauch kullern lassen.

24

Osterhuhn

Dieses riesengroße Huhn wird aus einem Schuhkarton und etwas Pappe gebastelt. Das Spiel ist ganz einfach: Hart gekochte Eier werden in den Hühnerbauch gekullert. Wer erzielt die meisten Punkte? Man kann auch mit Tischtennisbällen spielen.

So macht ihr die gackernden Hühner:
Ihr braucht leere Dosen (z.B. Kaffeedosen), dünne Pappe, Plakatfarben, Pinsel, Klebstoff, dünnen Bindfaden, Harz aus dem Musikgeschäft, einen Nagel und einen Hammer, um das Loch in die Dose zu schlagen. Auf der Zeichnung seht ihr genau, wie es weitergeht.

Schneidet beide Teile nach dem Muster aus Pappe aus und malt sie rot an.

Diese Teile mit Klebstoff bestreichen und umknicken. Dann klebt ihr sie auf die Dose.

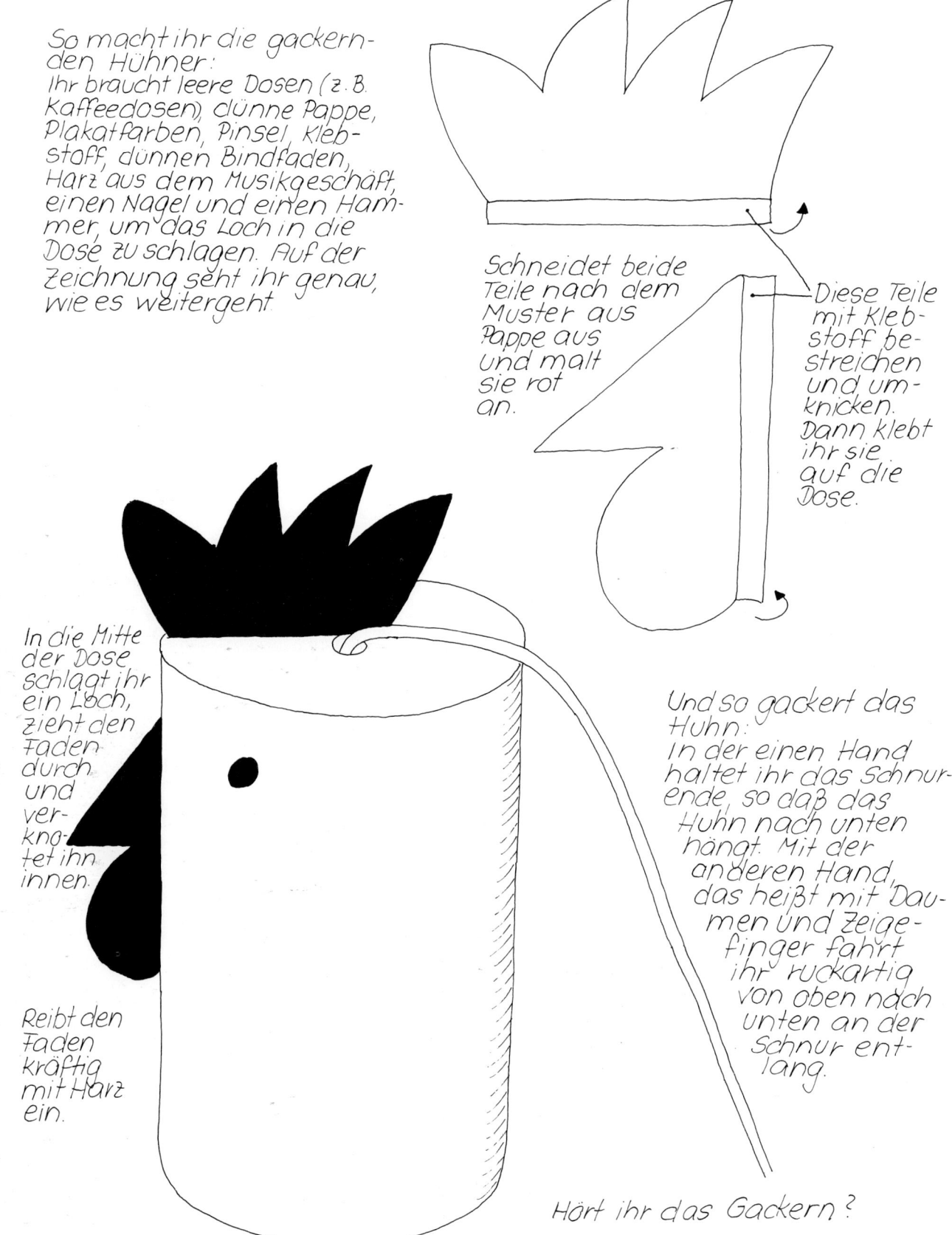

In die Mitte der Dose schlagt ihr ein Loch, zieht den Faden durch und verknotet ihn innen.

Reibt den Faden kräftig mit Harz ein.

Und so gackert das Huhn:
In der einen Hand haltet ihr das Schnurende, so daß das Huhn nach unten hängt. Mit der anderen Hand, das heißt mit Daumen und Zeigefinger fahrt ihr ruckartig von oben nach unten an der Schnur entlang.

Hört ihr das Gackern?

Gackerhühner

Sie können wirklich gackern und
sehen lustig aus, wenn sie zur
Osterzeit am Fenster baumeln.
Was ihr tun müßt, um die Hühner
zum Gackern zu bringen, steht nebenan.

Was sind denn das für Eier?

Erdbeerei

Eiermaus

Dies kann eine Eieruhr werden. Wißt ihr wie?

Zitronenei

Käferei

Stechmuckenei

Eierpflaume

Schaukel-Eier

Stehaufmännchen aus Eiern – ein lustiges Spielzeug! Es ist ganz einfach zu machen: In die Spitze des Eies bohrt ihr vorsichtig ein etwas größeres Loch und schüttelt den Inhalt heraus. Spült das Ei mit Wasser aus und laßt es trocknen. Dann füllt ihr in die Öffnung zuerst etwas Kleb- stoff und gebt einige Blei- kugeln (aus einem Gardinenband) hinterher, gerade so viele, daß das Ei stehenbleibt. Wenn die Bleikugeln im Inneren festkleben, könnt ihr das Ei anmalen und den Eierkopf mit Haaren oder einem Hut bedecken. Fertig sind die Eiermännchen!

Ihr braucht:
einen dicken Karton als
Untergrund, Wellpappe,
Klebstoff, Farben, Pinsel,
Stecknadeln und zum
Spielen eine Murmel.

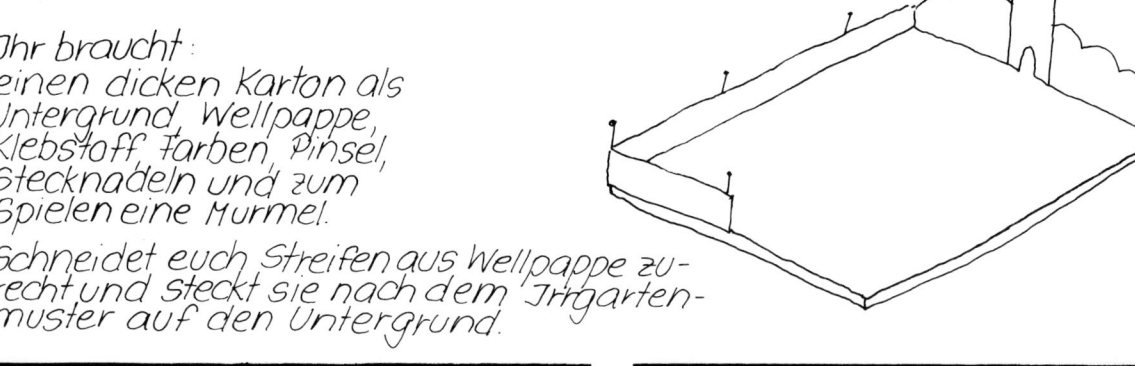

Schneidet euch Streifen aus Wellpappe zurecht und steckt sie nach dem Irrgarten-
muster auf den Untergrund.

AUS-
gang

Eingang

Aber vorher malt ihr dieses Muster
auf den Untergrund. Streicht die
Unterkante der Wellpappenstreifen
mit Klebstoff ein, bevor ihr sie
mit Nadeln feststeckt. Den Leuchtturm und das Gebüsch schneidet
ihr aus einem Pappstreifen aus

und klebt es auf. Ist alles fest-
geklebt, malt ihr den Irrgarten
an.

Dann nehmt ihr das Spiel in
die Hände und schaukelt
die Murmel auf dem richtigen
Weg zum Leuchtturm.

Irrgarten-Spiel

Wie kommt die Kugel zum Turm?
Man nimmt das Labyrinth in beide
Hände und läßt die Kugel um Ecken
und Winkel rollen, bis sie's
geschafft hat. Es klappt garantiert!
Probiert es nur aus!

Sammelt ein paar Steine und versucht, Buchstaben oder eure Namen zu legen.

Spiele im Sand

Mit dünnen Ästchen und Steinen könnt ihr lustige Männchen in den Sand legen.

Wer findet den Weg durch den Irrgarten? Ordnet eure Steine nach diesem Muster im Sand an. Jetzt müssen eure Freunde den Weg durch das Labyrinth finden.

Mit Schwung beginnt das Käferrennen! Ihr bemalt Steine wie Käfer und laßt sie über eine Rennbahn aus Karton rutschen. Welcher Käfer schafft es am weitesten? Die höchste Punktzahl gewinnt.

Wir bauen eine Stadt

Ein paar Steine und etwas Farbe braucht ihr
für diese bunten Bauten. In Baustoff-
handlungen bekommt ihr zerbrochene Steine
meistens umsonst. Mit etwas Farbe könnt ihr
die Steine in bunte Häuser verwandeln und im
Sandkasten zu einer Stadt aufbauen.

Ihr braucht: Zeitungspapier, Heftklammern, Klebestreifen Pinsel und Farben.

1. Zuerst rollt ihr den Stil. Ihr legt 5 Doppelseiten von dem Zeitungspapier aufeinander und rollt sie diagonal auf.

Die Enden klebt ihr mit Klebestreifen fest.

5 Doppelseiten

Diagonal aufrollen!

Klebestreifen

2. Schneidet einen Streifen zurecht, rollt ihn oben um den Griff und klebt ihn fest. Das ist wichtig, weil dieses Papier später den Schirm hält.

3. Für den Schirm braucht ihr je 2 Doppelseiten. Sie werden wie eine Ziehharmonika gefaltet, in der Mitte fest zusammengehalten und zu einem Halbkreis gebogen.

4. Dann in der Mitte mit Heftklammern zusammenheften.

Nun macht ihr den zweiten Halbkreis genauso. Beide Teile heftet ihr zusammen.

In der Mitte laßt ihr ein Loch für den Stiel frei.

Vorher malt ihr den Schirm noch bunt an. Erst dann wird der Stil durch die Öffnung gesteckt.

Fest zusammendrücken.

Die äußeren Enden zur Mitte hin biegen.

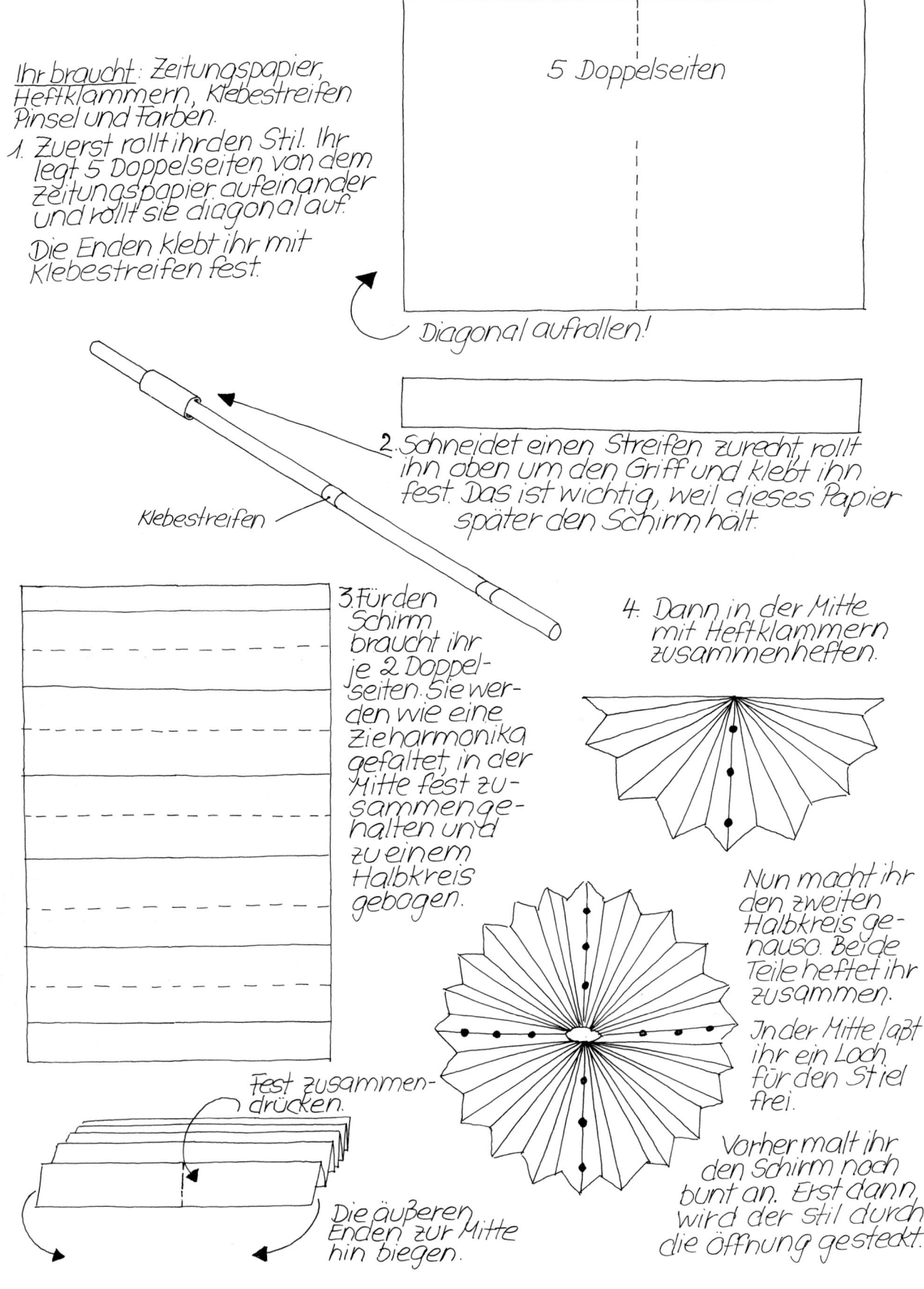

34

Sonnenschirme

Sie sind aus Zeitungspapier gefaltet und bunt angemalt. Wenn ihr mehrere Schirme nebeneinander in den Sand steckt, euch darunter legt, dann ist es fast wie unter einem Zelt.

1. Ihr stellt die Milchtüte auf eine Unterlage und schneidet die gestreifte Fläche aus. Nehmt dafür ein Messer.

Ihr braucht dazu:
leere Milchtüten,
Strohhalme,
Buntpapier,
leere Schachteln,
etwas Watte (für
den Dampfer),
Farben, Pinsel,
Klebstoff und
Klebestreifen
(für das Stroh-
halm-Schiff.)

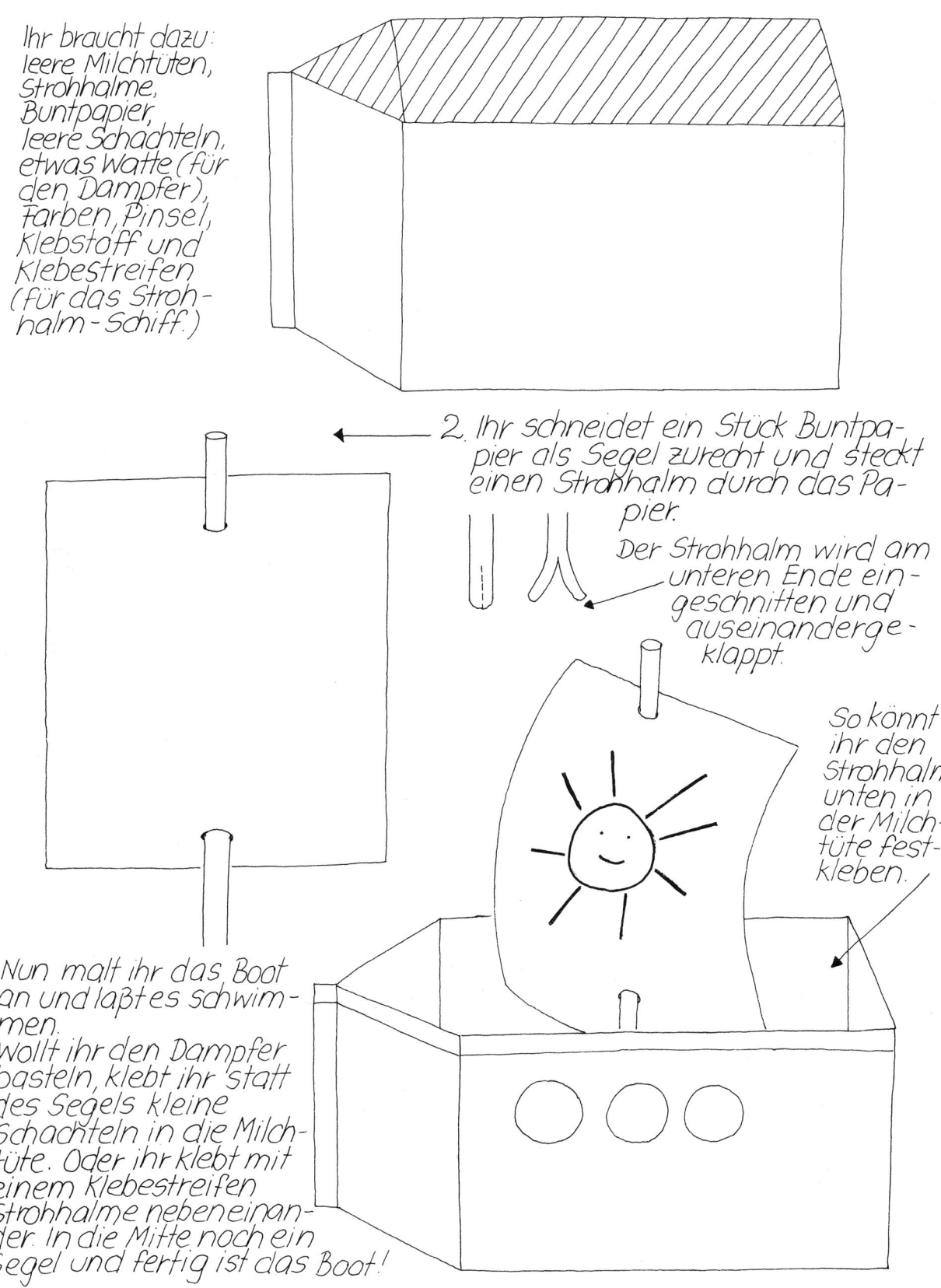

2. Ihr schneidet ein Stück Buntpapier als Segel zurecht und steckt einen Strohhalm durch das Papier.

Der Strohhalm wird am unteren Ende ein-geschnitten und auseinanderge-klappt.

So könnt ihr den Strohhalm unten in der Milch-tüte fest-kleben.

Nun malt ihr das Boot an und laßt es schwim-men.
Wollt ihr den Dampfer basteln, klebt ihr statt des Segels kleine Schachteln in die Milch-tüte. Oder ihr klebt mit einem Klebestreifen Strohhalme nebeneinan-der. In die Mitte noch ein Segel und fertig ist das Boot!

Milchtüten-Boote

Milch gibt es meist in Tüten zu kaufen. Wenn ihr die Milch getrunken habt und genügend leere Tüten sammelt, dann könnt ihr daraus eine Milchtüten-Flotte basteln.

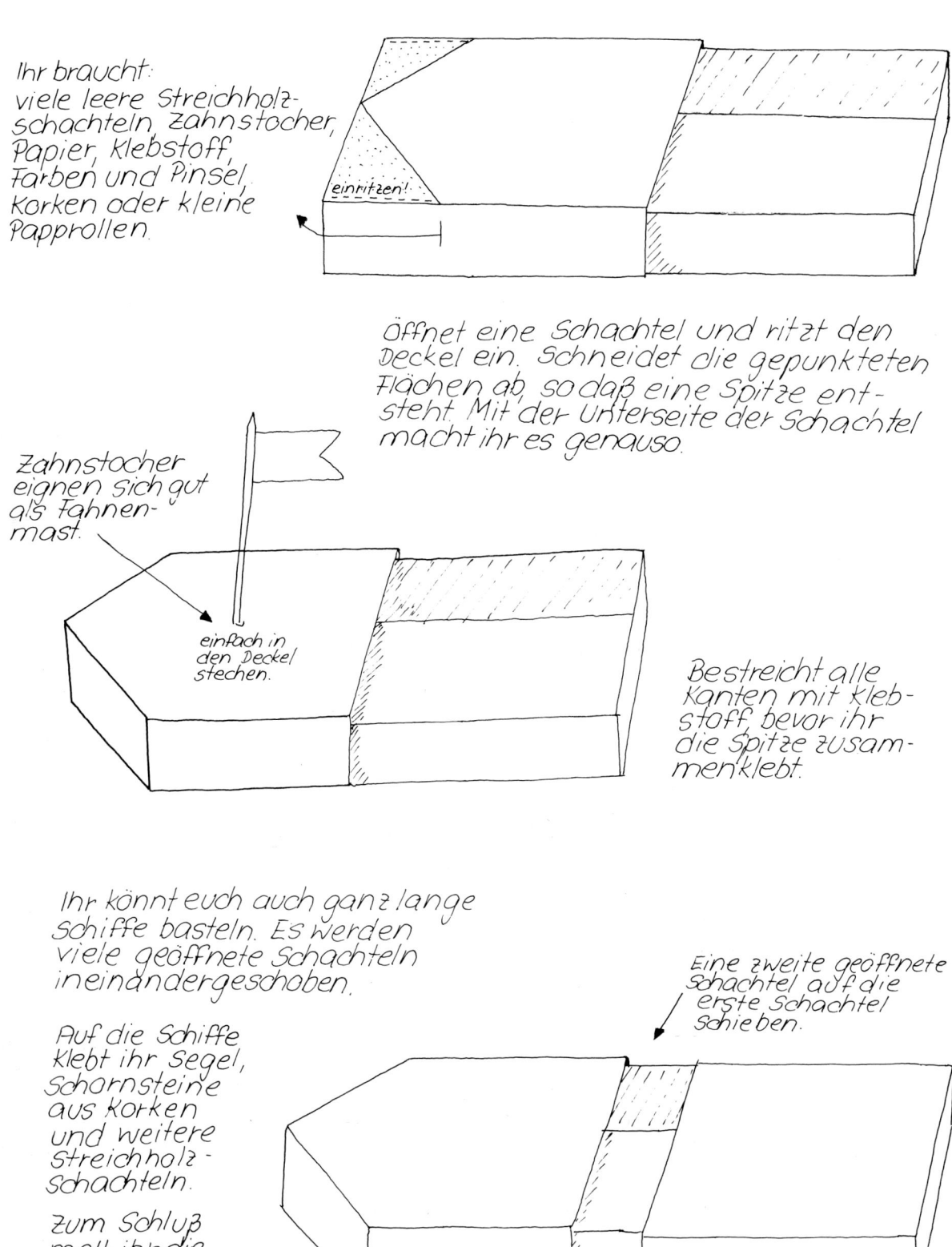

Ihr braucht:
viele leere Streichholz-
schachteln, Zahnstocher,
Papier, Klebstoff,
Farben und Pinsel,
Korken oder kleine
Papprollen.

einritzen!

Öffnet eine Schachtel und ritzt den
Deckel ein. Schneidet die gepunkteten
Flächen ab, so daß eine Spitze ent-
steht. Mit der Unterseite der Schachtel
macht ihr es genauso.

Zahnstocher
eignen sich gut
als Fahnen-
mast.

einfach in
den Deckel
stechen.

Bestreicht alle
Kanten mit Kleb-
stoff, bevor ihr
die Spitze zusam-
menklebt.

Ihr könnt euch auch ganz lange
Schiffe basteln. Es werden
viele geöffnete Schachteln
ineinandergeschoben.

Auf die Schiffe
klebt ihr Segel,
Schornsteine
aus Korken
und weitere
Streichholz-
schachteln.

Zum Schluß
malt ihr die
Boote bunt an.

Eine zweite geöffnete
Schachtel auf die
erste Schachtel
schieben.

schiff ahoi!

Mini-Dampfer

Sie schaukeln auf kleinen Wellen im Planschbecken oder in einer Regenpfütze. Weil sie so einfach zu machen sind, könnt ihr gleich eine ganze Flotte basteln. Schiff ahoi!

Für das Floß braucht ihr:
Holzstöckchen, Bindfaden,
eine dicke Stopfnadel,
ein Stück Stoff, Farbe
und Pinsel.

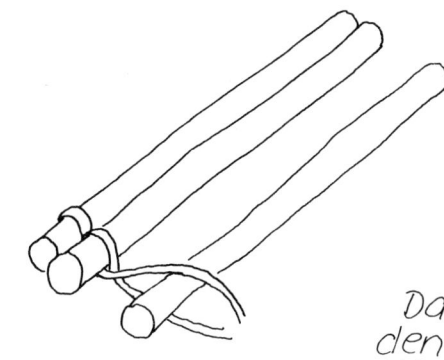

Legt ungefähr
8 gleichgroße
Stöckchen
nebeneinan-
der und um-
wickelt sie
fest mit Bind-
faden.

Dabei überkreuzt ihr
den Faden nach jedem
Stöckchen.

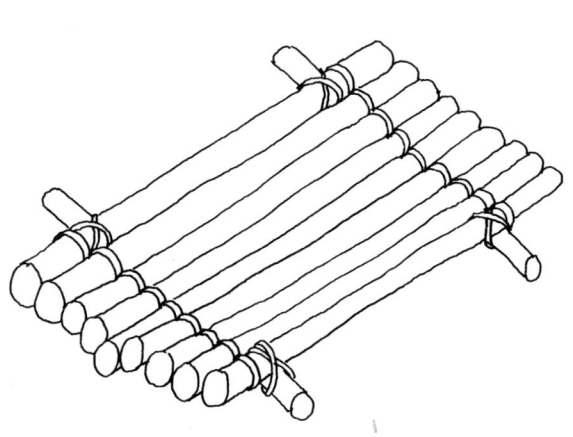

Sind alle Stöcke
fest verbunden, wer-
den von unten noch
2 Stöcke quer be-
festigt.

In die Mitte der
Fläche stellt ihr
den Mast, um-
wickelt ihn mit
Fäden und be-
festigt die En-
den der
Fäden an
den unte-
ren 4 Ek-
ken.

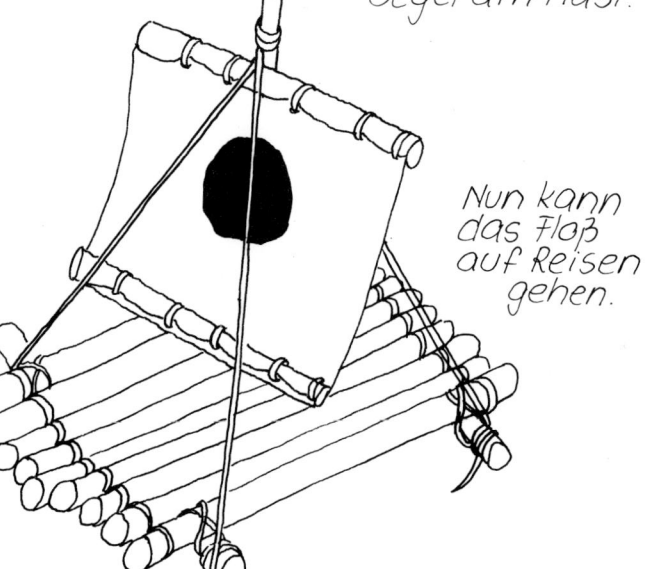

Aus einem Stück Stoff
und 2 Hölzern näht
ihr ein Segel.
Vielleicht malt ihr
das Segel noch
bunt an.

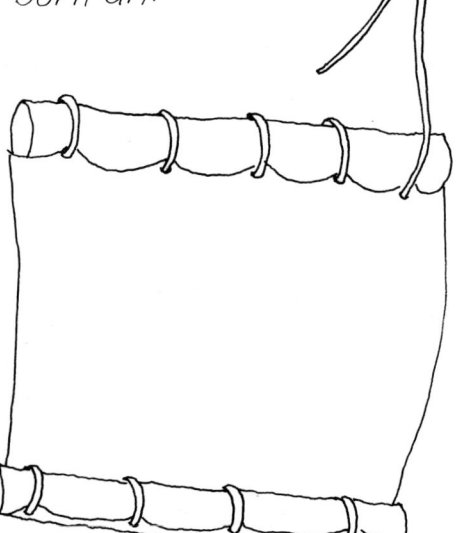

Befestigt das
Segel am Mast.

Nun kann
das Floß
auf Reisen
gehen.

Segelfloß

Auf große Fahrt geht das kleine Floß, um in Wind und Wellen seine Seetüchtigkeit zu erproben. Wo das Segelfloß wohl landet? Vielleicht auf Robinsons Insel oder im Hafen von New York? Baut euch auch ein Floß und schickt es auf Abenteuerreise.

Für die Sandalen
braucht ihr:
Zeitungspapier,
Klebeband und
Heftklammern

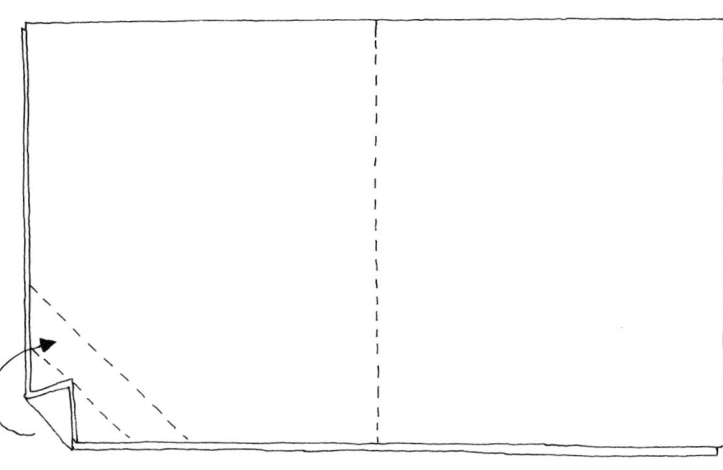

1. Legt 2 Doppelseiten
übereinander und
faltet daraus einen
ungefähr 3cm breiten
Streifen.

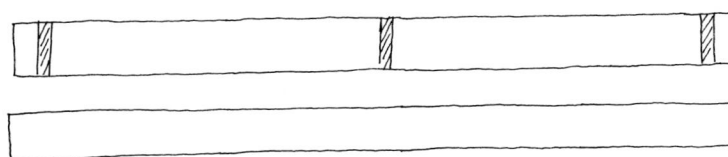

Für 2 Sandalen braucht
ihr 3-4 lange Streifen
und 2 kurze Streifen.

Klebt die Streifen mit
Klebeband an den En-
den fest, damit sie
nicht auseinander -
rutschen.

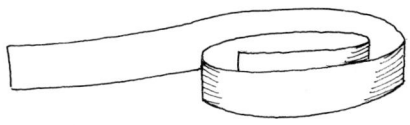

Dann wickelt ihr die Streifen
fest umeinander. Anfang und
Ende befestigt ihr mit Klebestreifen.

Ihr wickelt so viele Streifen
zu einem Oval, daß euer
Fuß darauf paßt.

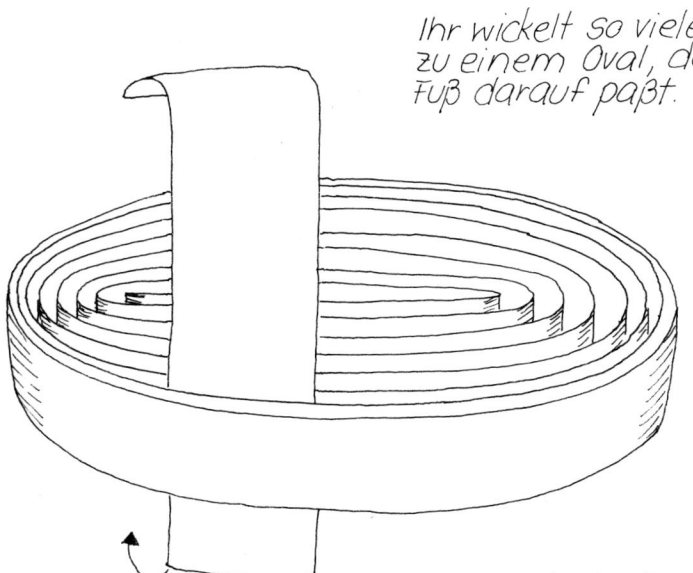

Stellt
eure
Füße auf
eine Zei-
tung, malt
die Um-
risse auf,
schneidet
sie aus
und legt
sie als Soh-
len in die
Sandalen.

Durch die äußere Sohlenkante schiebt ihr
den Riemen und befestigt ihn unter der
Sohle.

Sandalen für Sonnentage

Schuhe aus Zeitungspapier? Auch wenn du
es nicht glaubst, diese Schuhe sind recht
stabil. Sie halten nicht nur einen Tag lang,
sondern vielleicht während der ganzen
Ferienzeit. Allerdings solltest du damit nicht
gerade in Pfützen herumspringen. Gehen
sie aber doch kaputt, kannst du dir ganz
schnell ein Paar neue machen.

Ihr braucht:
einen Hammer, Nägel,
Schrauben, Draht,
Klebstoff und Holzab-
fälle. Die gibt's umsonst
beim Schreiner. Oder
vielleicht zersägt euch
jemand alte Latten
und Bretter.
Hier seht ihr einige
Beispiele. Ein Männchen,
ein Schiff und einen
Güterzug. Ihr habt
bestimmt noch viel
mehr Ideen.

Holzspielzeug

Mal richtig hämmern! Habt ihr Lust dazu? Aus Holzabfällen könnt ihr euer Spielzeug selbst bauen. Zum Beispiel einen Kran wie diesen hier oder ein Schiff oder eine Eisenbahn wie auf der Seite nebenan. Es ist gar nicht so schwierig!

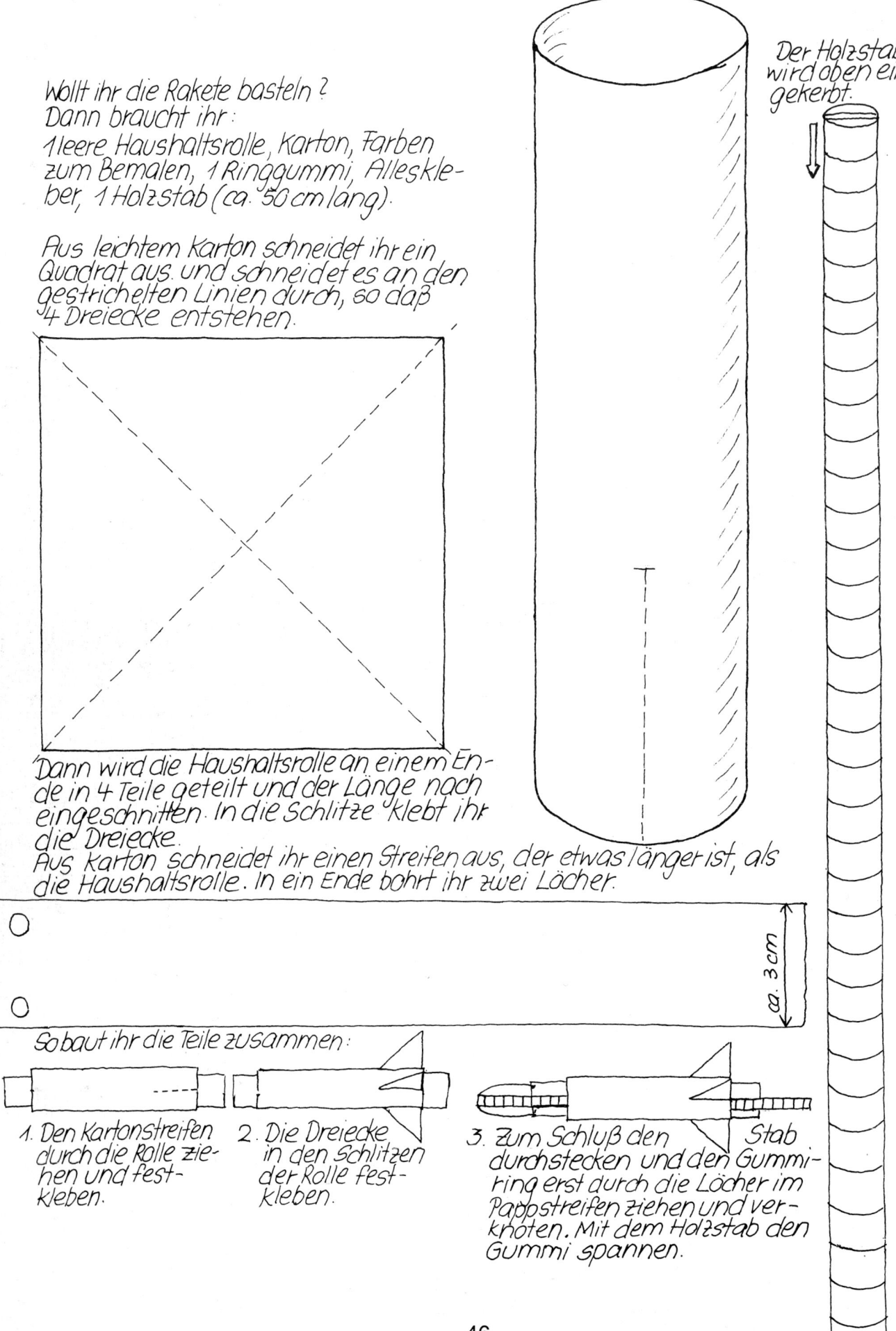

Wollt ihr die Rakete basteln?
Dann braucht ihr:
1 leere Haushaltsrolle, Karton, Farben
zum Bemalen, 1 Ringgummi, Alleskle-
ber, 1 Holzstab (ca. 50 cm lang).

Aus leichtem Karton schneidet ihr ein
Quadrat aus und schneidet es an den
gestrichelten Linien durch, so daß
4 Dreiecke entstehen.

Der Holzstab
wird oben ein-
gekerbt.

Dann wird die Haushaltsrolle an einem Ende in 4 Teile geteilt und der Länge nach
eingeschnitten. In die Schlitze klebt ihr
die Dreiecke.
Aus Karton schneidet ihr einen Streifen aus, der etwas länger ist, als
die Haushaltsrolle. In ein Ende bohrt ihr zwei Löcher.

ca. 3 cm

So baut ihr die Teile zusammen:

1. Den Kartonstreifen
durch die Rolle zie-
hen und fest-
kleben.

2. Die Dreiecke
in den Schlitzen
der Rolle fest-
kleben.

3. Zum Schluß den
durchstecken und den Gummi-
ring erst durch die Löcher im
Pappstreifen ziehen und ver-
knoten. Mit dem Holzstab den
Gummi spannen.

Stab

Rakete

5, 4, 3, 2, 1, 0!
Und schon geht es los. Während
ihr zählt, spannt ihr den Gummi-
ring. Bei „Null" laßt ihr ihn los,
und dann fliegt eure Rakete zum
Mond – oder in Nachbars Garten.
Wenn der Start nicht gleich
gelingt, ist das nicht schlimm.
Das passiert bei großen Raketen
auch.

Für die Windräder braucht ihr: etwas festeres Papier, Draht, Perlen, Holzstöckchen, und wenn ihr alles bunt anmalen wollt, legt euch noch Pinsel und Farben zurecht.

Mit einer Schere schneidet ihr das Papier in gleich große Quadrate. Für das einfache Windrad braucht ihr 1 Quadrat, für das doppelte 2. Die Papiere werden in den Diagonalen gefaltet und wie auf den Mustern hier eingeschnitten.

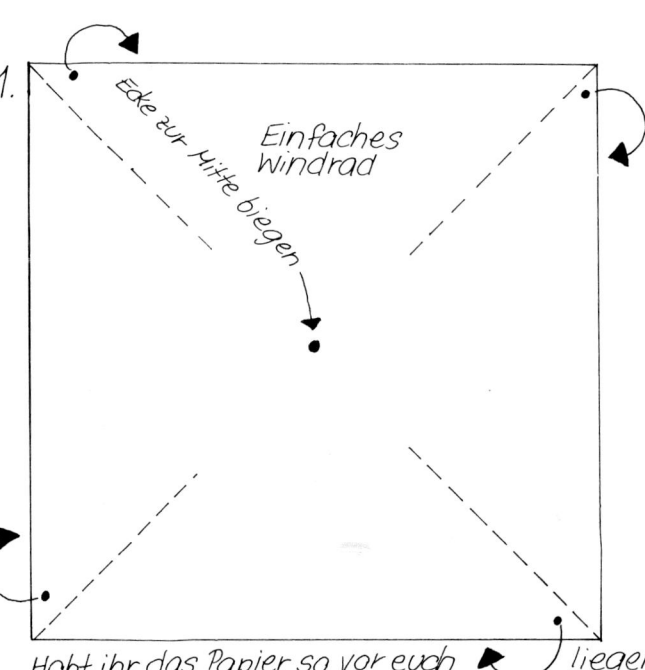

1.

Ecke zur Mitte biegen

Einfaches Windrad

Habt ihr das Papier so vor euch liegen, faßt ihr die Punkte und faltet sie zur Mitte hin. Dort steckt ihr alle 4 Ecken fest.

2. Doppeltes Windrad *Teil A*

2. Doppeltes Windrad *Teil B*

Bei dem doppelten Windrad müßt ihr die Teile A und B so wie unten auf der Zeichnung ineinander schieben.

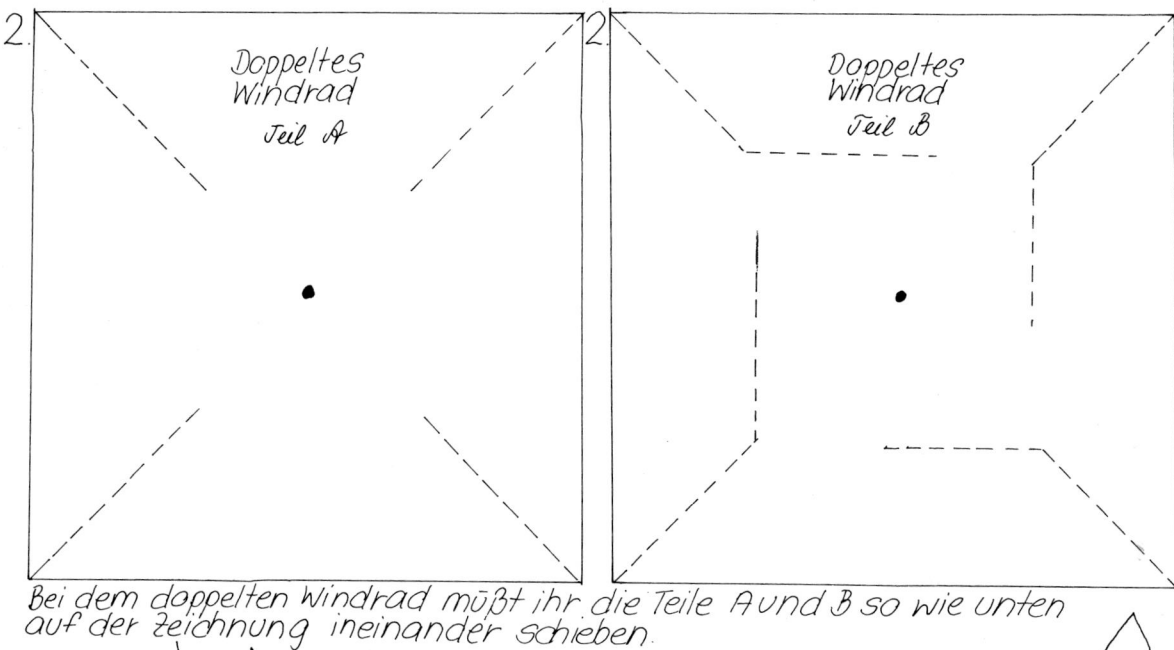

Die Ecken werden wieder zur Mitte gebogen.

A B

Alle Ecken werden in der Mitte mit einem etwas längerem Draht befestigt. Vorher zieht ihr vorn auf den Draht eine Perle und biegt das Drahtende um.

Habt ihr das Windrad aufgefädelt, zieht ihr noch 2 Perlen auf den Draht. Das Ende des Drahtes wickelt ihr um das Holzstöckchen.

Windrädchen

Damit sie sich lustig drehen,
müßt ihr ganz fest pusten oder
sie in den Wind halten. Sie
werden aus Papier gefaltet und
an Stöckchen befestigt.

Zum Basteln braucht ihr:
Eine Papprolle, festen Karton,
einen Holzspieß, eine ganz lange,
dünne Schnur, einen Reißnagel,
Schere, Klebstoff, Glanzpapier,
Farben und einen Pinsel!

1. Schneidet einen Kreis von
   ungefähr 10 cm Durchmesser
   aus.

2. Schneidet den Kreis
   an einer Stelle bis
   zum Mittelpunkt
   ein.

3. Klebt den Kreis zu einem
   Kegel zusammen, dann habt
   ihr das Dach.

4. Für das Windrad schneidet ihr
   einen zweiten Kreis aus.

5. In den Kreis
   schneidet ihr
   Flügel. So wie
   hier auf
   dem Bild.

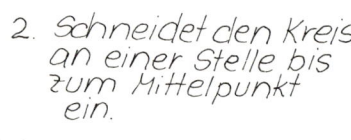

6. Malt die Papprolle an, klebt Türen
   und Fenster aus Glanzpapier auf
   und klebt das Dach auf die Rolle.
   Steckt den Holzspieß quer durch
   den oberen Teil der Rolle. Auf das
   eine Ende des Holzspießes steckt
   ihr das Windrad, das andere
   Ende umwickelt ihr mit dem Bindfaden. Streicht vorher etwas
   Klebstoff auf das Holz, damit
   das eine Ende des Fadens hält.

   Nun wickelt die Schnur ganz auf,
   zieht an der Schnur, dann dreht
   sich das Windrad.

Windmühle

Auch ohne Wind dreht sich
das Rad dieser Windmühle.
Das ist keine Zauberei, denn
wenn ihr an der Schnur zieht,
bewegt sich das Mühlrad.
Wollt ihr das einmal ver-
suchen?

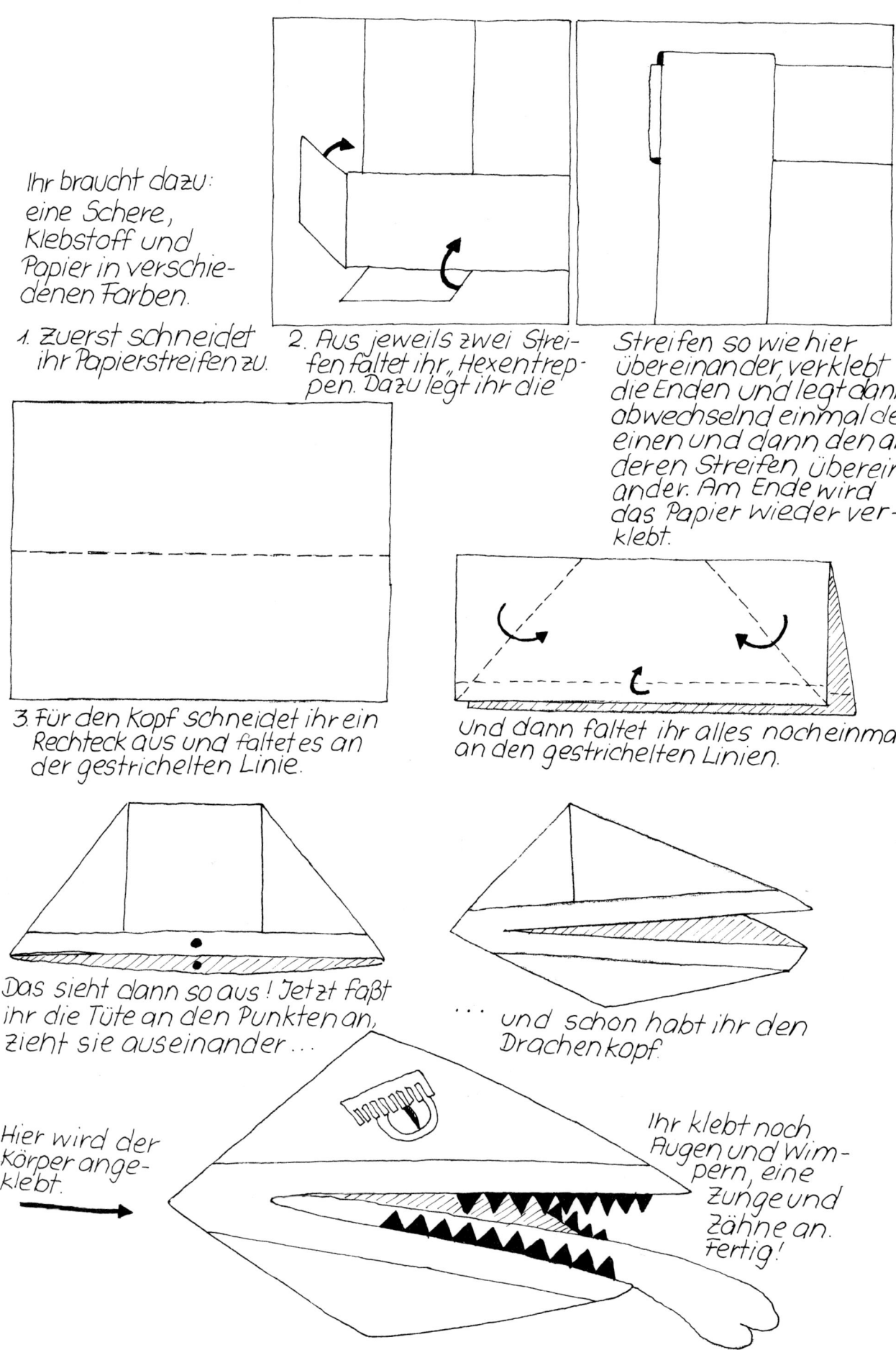

Ihr braucht dazu:
eine Schere,
Klebstoff und
Papier in verschie-
denen Farben.

1. Zuerst schneidet
   ihr Papierstreifen zu.

2. Aus jeweils zwei Streifen faltet ihr „Hexentreppen. Dazu legt ihr die

Streifen so wie hier
übereinander, verklebt
die Enden und legt dann
abwechselnd einmal den
einen und dann den an-
deren Streifen überein-
ander. Am Ende wird
das Papier wieder ver-
klebt.

3. Für den Kopf schneidet ihr ein
   Rechteck aus und faltet es an
   der gestrichelten Linie.

Und dann faltet ihr alles noch einmal
an den gestrichelten Linien.

Das sieht dann so aus! Jetzt faßt
ihr die Tüte an den Punkten an,
zieht sie auseinander...

... und schon habt ihr den
Drachenkopf.

Hier wird der
Körper ange-
klebt.

Ihr klebt noch
Augen und Wim-
pern, eine
Zunge und
Zähne an.
Fertig!

Im Drachen-wald

…knistert, rauscht, faucht und knackt es, wenn die Drachen ihre Höhle verlassen. Der Zauberer Drachula hat sie aus Hexentreppen gebastelt. Aber das könnt ihr auch.

Wenn ihr das Haus basteln
wollt, braucht ihr:
Zeitungspapier, Klebstoff,
Schere und einen Blei-
stift.
Es macht sicher mehr Spaß,
wenn euch ein paar Freunde
beim Basteln helfen.

1. Zuerst schneidet ihr eine
Zeitungsseite in Streifen.

2. Ihr rollt die Papierstreifen um einen
Bleistift, klebt das Ende mit Klebstoff
fest und zieht etwas später, den Bleistift aus der Rolle heraus.

3. Nun macht ihr
erst einmal ganz
viele Rollen in unter-
schiedlichen
Längen.

4. Dann klebt ihr soviele
Rollen nebeneinander,
wie euer Haus in
der Grundfläche wer-
den soll.

Dann „mauert" ihr
die Seitenwände.
Dort, wo Fenster oder
Türen sein sollen,
klebt ihr kürzere
Rollen hin.

5. Das Dach klebt ihr so, daß immer
eine Rolle vor der anderen liegt.
So wie hier auf der Zeichnung.
Dann klebt ihr das Dach auf
das Haus.
Wenn ihr noch Rollen übrig
habt könnt ihr daraus noch
einen Gartenzaun kleben.

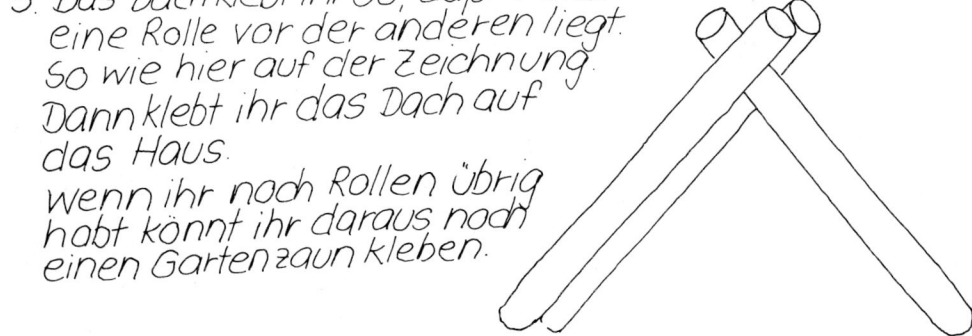

Blockhaus

Dieses zünftige Blockhaus besteht tatsächlich nur aus aufgerollten Zeitungen. Es ist zwar nicht regenfest, aber sonst sehr stabil.

Diese Laternen sind ganz
einfach zu basteln, denn
eigentlich sind sie verklei-
dete Kartons.

Ihr braucht:
Schachteln, Schuhkartons,
Eierpappen, Kreppapier, Klo-
rollen, Pinsel und Farben,
Holzstöckchen, Draht und
Bindfaden.

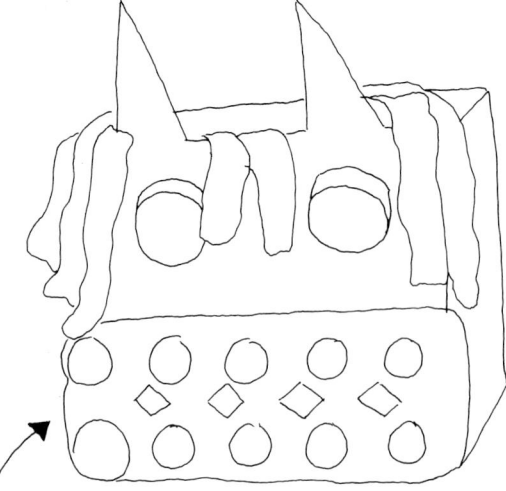

Dieses Monster ist aus
einem Karton, der oben
offen ist. Als Maul ist
eine Eierpappe aufgeklebt,
in die später noch Löcher
eingestochen werden.
Dann leuchtet das Gebiß.
Für die Augen werden
einfach Kreise ausgeschnitten und Klorollen hinein-
gesteckt. Die Haare sind
aus Kreppapier, die Ohren
aus Pappe.

Diese Laterne ist gekauft,
aber selbst verkleidet. Vielleicht
findet ihr bei euch zu Hause
auch noch eine alte Laterne,
die ihr mit Papierhaaren,
Mund und Augen verschönern
könnt.

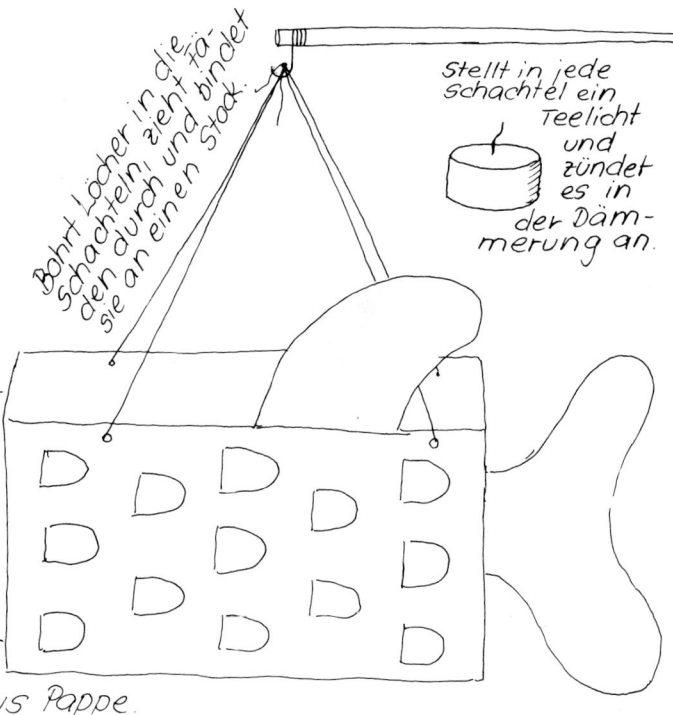

Bohrt Löcher in die
Schachteln, zieht Faden
durch und bindet
sie an einen Stock.

Stellt in jede
Schachtel ein
Teelicht
und
zündet
es in
der Däm-
merung an.

Den Schuhschachtelfisch
könnt ihr auch ganz
schnell basteln.
Schneidet mit einem
Messer Schuppen aus
und beklebt sie von innen
mit buntem Transparentpapier.
Kopf, Flosse und Schwanz sind aus Pappe.

Lustige Laternen

Aus Kartons, Schachteln oder Pappe könnt ihr originelle Laternen basteln wie diesen Schuhschachtelfisch, das Eierkartonzahngespenst oder den Leuchtlöwen. In der Dämmerung sehen sie schön aus und im Dunkeln leuchten sie euch den Weg nach Hause.

Das braucht ihr alles, wenn ihr die
Leucht - Häuser basteln wollt:
Weißen, nicht zu festen Karton, Draht,
Drachenpapier oder farbiges Transparentpapier, eine Schere, eine schnei-
defeder, klebstoff und Holz stöckchen.
Wenn ihr das alles habt, kann es los-
gehen. Je mehr mitbasteln, desto
größer kann eure Leuchtstadt auch
werden.

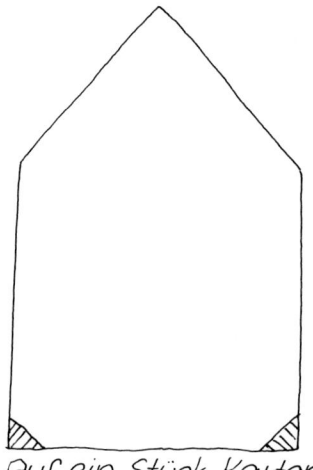

Auf ein Stück Karton malt
ihr ein Hausmuster und
schneidet es aus. Die
unteren Ecken abschnei-
den.

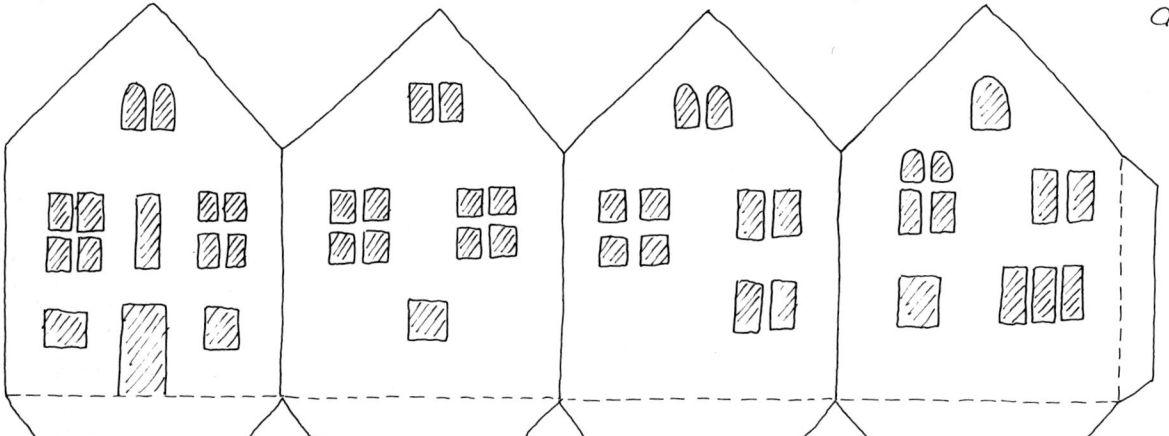

Mit dem ausgeschnittenen Muster malt ihr 4 Hausumrisse nebeneinander auf einen langen, weißen Kartonstreifen. Mit einer Schneide-
feder ritzt ihr Fenster in das Haus. Über die Fenster klebt ihr das
bunte Transparentpapier. Mit einer Schere schneidet ihr das ganze
Haus den äußeren Linien entlang aus. Die gestrichelten Linien werden zu einer Seite umgeknickt. Faltet das Haus viereckig zusammen und klebt es an einer Seite fest zusammen.
Es sieht dann so aus

In die Haus-
giebel
stecht
ihr
Löcher

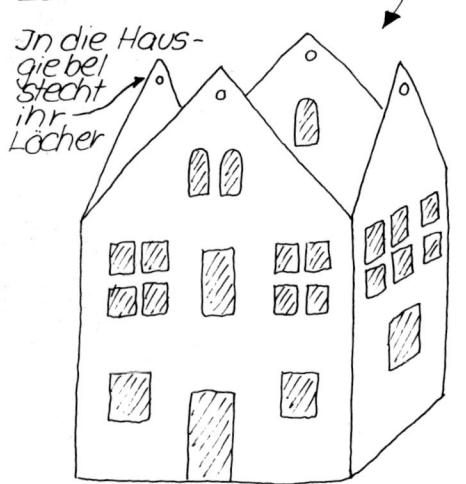

schneidet noch
eine Pappe zurecht,
die als Boden in
das Haus paßt.

Nun braucht ihr noch
einen Holzstab, an dem
ihr das Haus aufhän-
gen könnt.
Zieht oben durch das
Haus Fäden und knotet
sie am Holzstab fest.

Stellt ein Teelicht
in jedes fertige
Haus. Wenn es
dunkel wird, zündet
ihr die Lichter an.

Leuchtende Häuser

Wie eine kleine, gemütliche Stadt sehen die Laternen aus, wenn sie schaukelnd nebeneinander durch die Straßen getragen werden.

Für die Eule
braucht ihr:
einen hohen, recht-
eckigen Karton,
eine Eierpappe,
festen Pappkarton,
Pinsel und Farben,
Schnüre und Federn
und ein Teelicht.

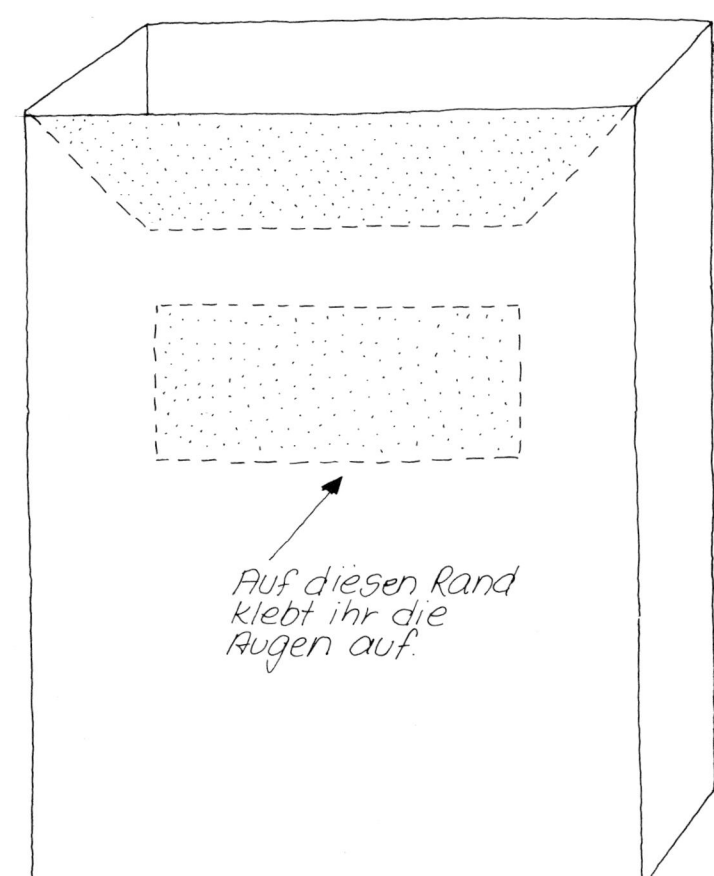

Schneidet aus
dem Karton einen
Eulenkopf zurecht,
indem ihr die
gepunkteten Flächen
ausschneidet.

Nehmt 2 Felder
einer Eierpappe
und schneidet
aus den hoch-
stehenden Teilen
die Augen aus.

Auf diesen Rand
klebt ihr die
Augen auf.

Nach diesem
Muster schnei-
det ihr 2
Flügel aus.

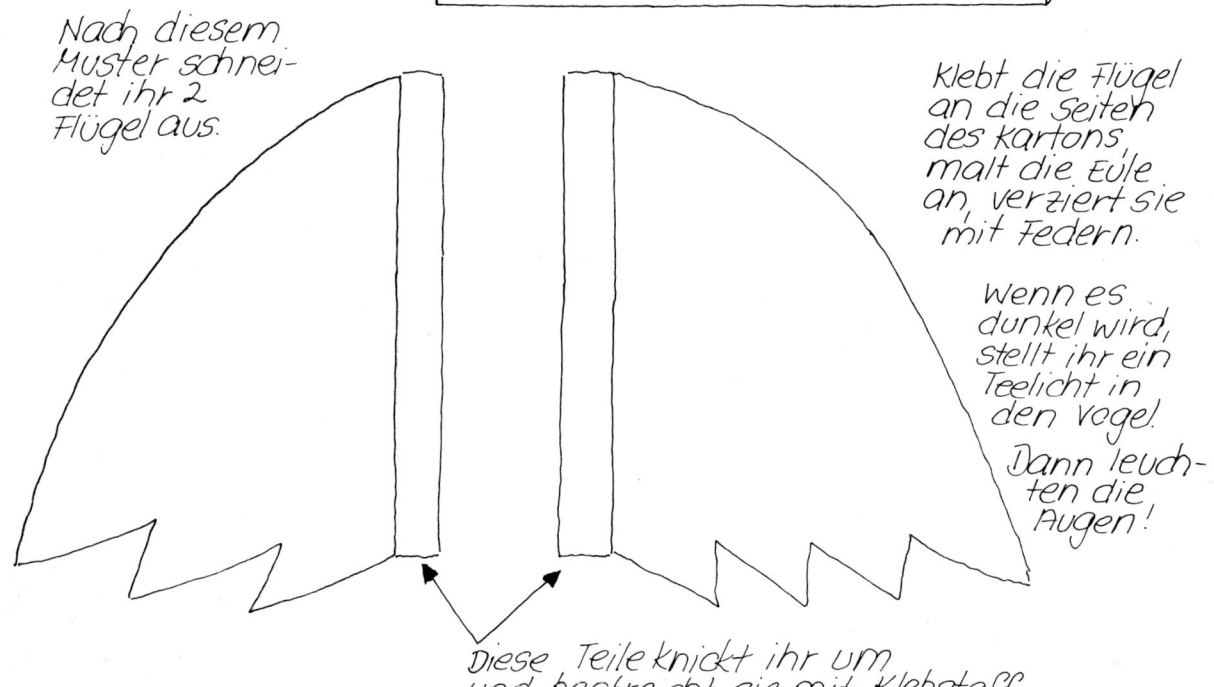

Klebt die Flügel
an die Seiten
des Kartons,
malt die Eule
an, verziert sie
mit Federn.

Wenn es
dunkel wird,
stellt ihr ein
Teelicht in
den Vogel.

Dann leuch-
ten die
Augen!

Diese Teile knickt ihr um
und bestreicht sie mit Klebstoff.

Die Eule

Ihre Augen leuchten im Dunkeln
fast so wie die einer
echten Eule. Ihr könnt sie
als Laterne benutzen
oder einfach in einem
Baum aufhängen.

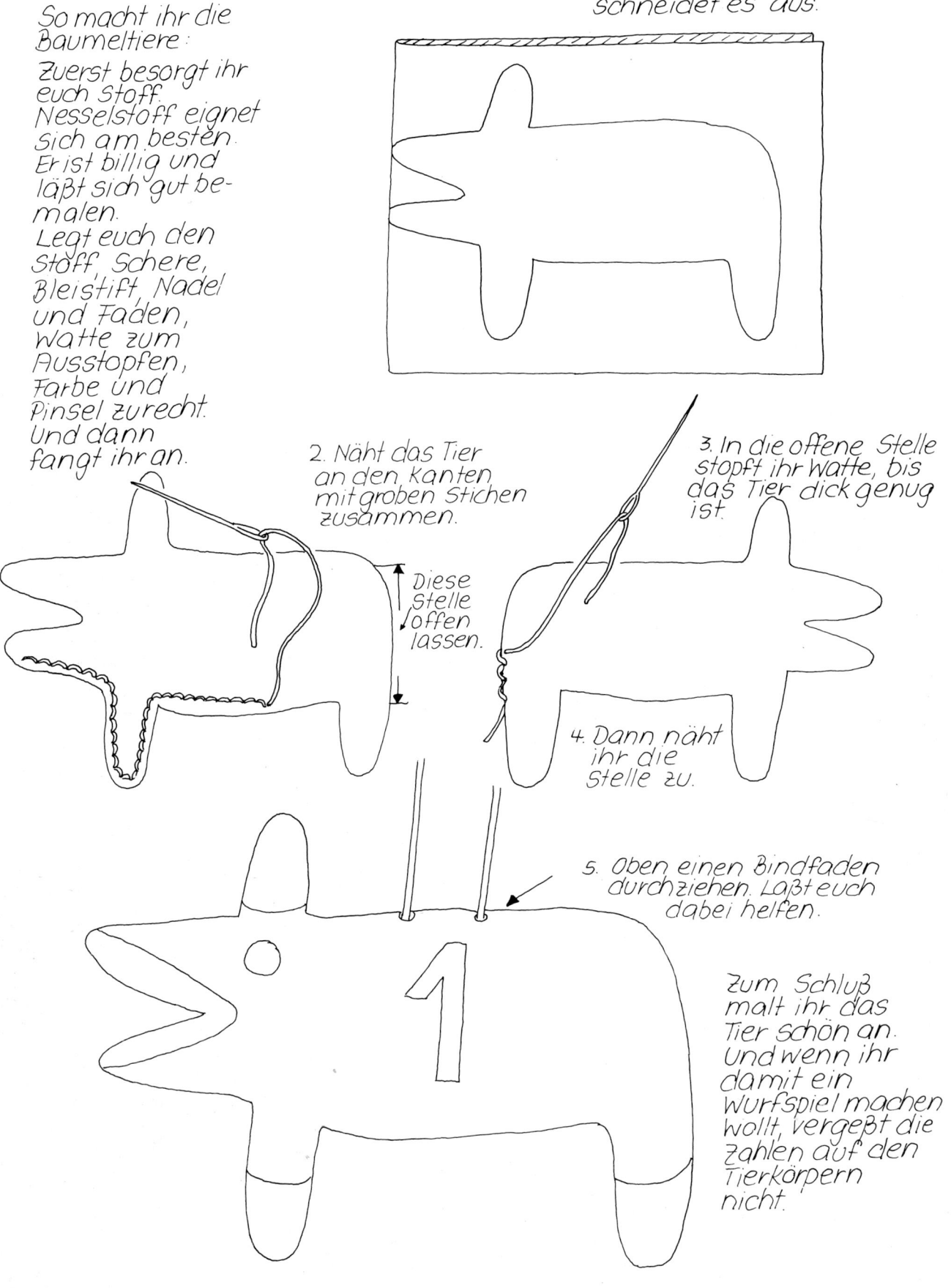

So macht ihr die
Baumeltiere:
Zuerst besorgt ihr
euch Stoff.
Nesselstoff eignet
sich am besten.
Er ist billig und
läßt sich gut be-
malen.
Legt euch den
Stoff, Schere,
Bleistift, Nadel
und Faden,
Watte zum
Ausstopfen,
Farbe und
Pinsel zurecht.
Und dann
fangt ihr an.

1. Legt den Stoff doppelt,
malt ein Tier auf und
schneidet es aus.

2. Näht das Tier
an den Kanten
mit groben Stichen
zusammen.

Diese
Stelle
offen
lassen.

3. In die offene Stelle
stopft ihr Watte, bis
das Tier dick genug
ist.

4. Dann näht
ihr die
Stelle zu.

5. Oben einen Bindfaden
durchziehen. Laßt euch
dabei helfen.

Zum Schluß
malt ihr das
Tier schön an.
Und wenn ihr
damit ein
Wurfspiel machen
wollt, vergeßt die
Zahlen auf den
Tierkörpern
nicht.

Wurfspiel

Wenn du eines dieser Baumeltiere triffst, gibt's Punkte! Mit deinen Freunden zusammen kannst du ein richtiges Ferien-Wettwerfen veranstalten. Die lustigen Tiere näht ihr selber. Vielleicht jeder eines?

Für die Schachteltiere braucht ihr:
leere Schuhkartons, feste Pappe,
eine Schere, Klebstoff, Farben und
Pinsel, Schnüre und einen Ball,
der unter den Schuhkarton paßt.

Stellt die Kartons vor euch hin
und überlegt, welche Tiere ihr
gern basteln möchtet.

Schneidet aus der
Pappe alle Teile aus,
Ohren, Füße, Haare, eine
Schnauze, oder was ihr
sonst noch
braucht.

Für die Krokodil-
schnauze schneidet
ihr 2 gleiche Teile
aus, knickt die
Seiten um und
klebt sie aufein-
ander.

Füße →

Ohren

Aus einem Kreis könnt
ihr ein Maul kleben.
Schneidet die ge-
punktete Fläche
ab und klebt
die Kanten
zusam-
men.

Zieht eine Schnur
durch den Kopf und
verknotet sie von
innen.

Klebt Füße,
Ohren, ein
Maul und ei-
nen Schwanz
an das Schach-
teltier und
malt es bunt
an.

Legt einen Ball unter die
Schachtel, nehmt die Schnur
in die Hand, dann könnt ihr
mit dem Tier spazierengehen.

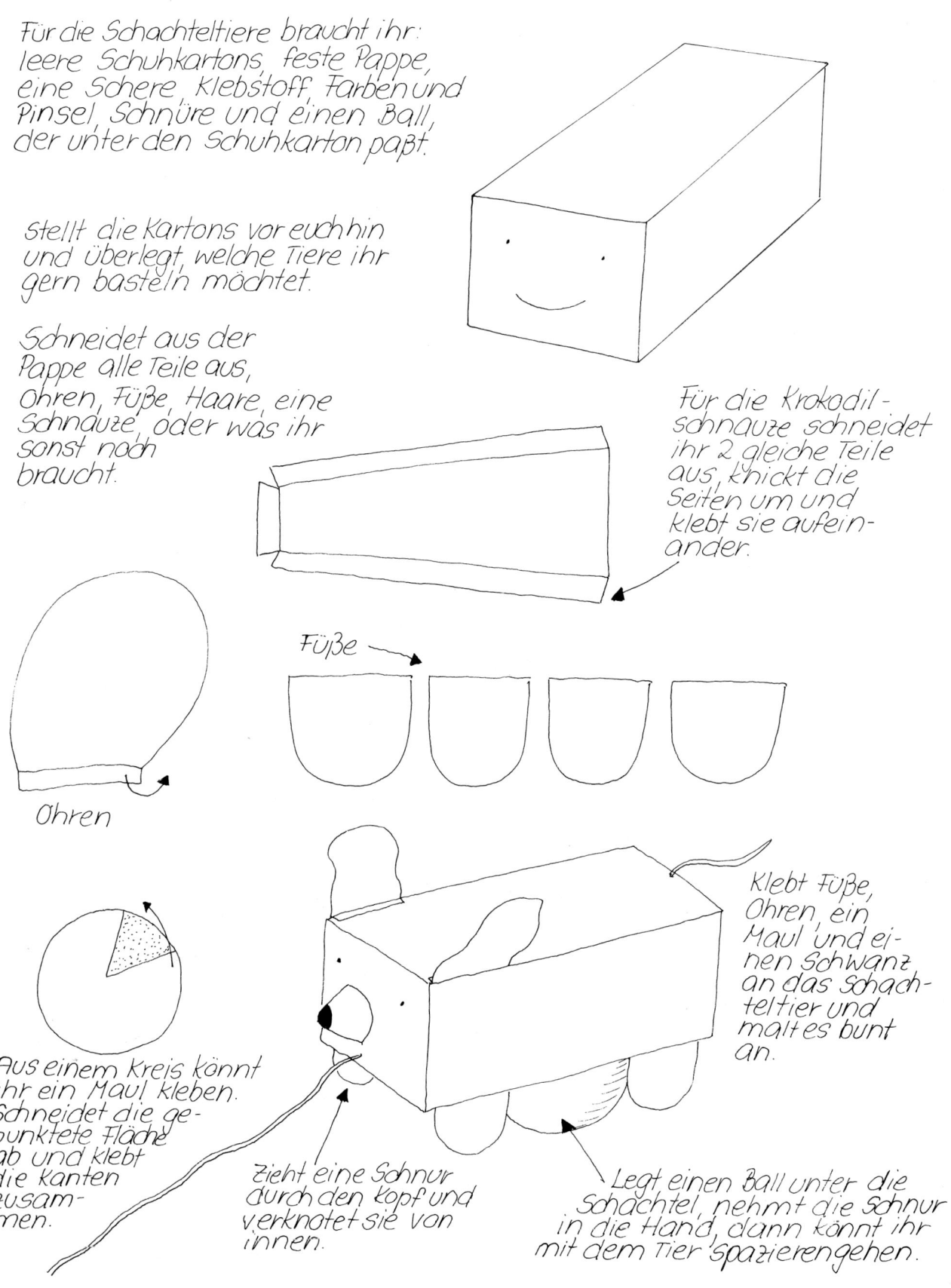

Schachteltiere

Krokodile, Löwen, Schweine, Mäuse und viele
andere Tiere könnt ihr aus leeren Schuhkartons
basteln. Und wenn ihr unter die fertiggebastelten
Tiere einen Ball schiebt, können sie sogar hinter
euch hermarschieren.

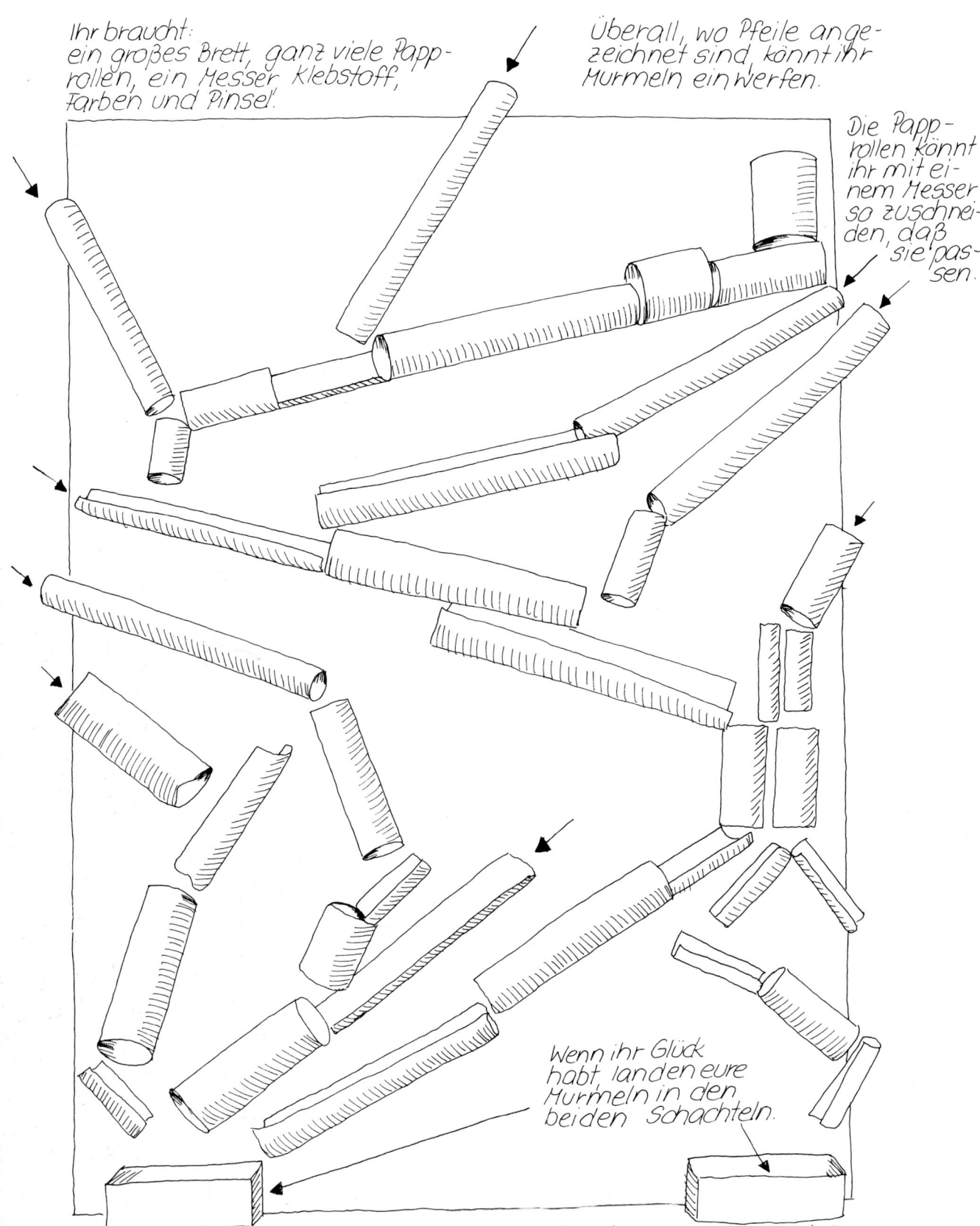

Ihr braucht:
ein großes Brett, ganz viele Papprollen, ein Messer, Klebstoff,
Farben und Pinsel.

Überall, wo Pfeile ange-
zeichnet sind, könnt ihr
Murmeln einwerfen.

Die Papp-
rollen könnt
ihr mit ei-
nem Messer
so zuschnei-
den, daß
sie pas-
sen.

Wenn ihr Glück
habt, landen eure
Murmeln in den
beiden Schachteln.

Diese Kugelbahn ist ganz einfach zu basteln. Ihr klebt viele
Papprollen auf ein Brett, und zwar so, daß sie schräg nach unten
zeigen. Dann könnt ihr eine Murmel durch die Irrwege rollen
lassen. Mal sehen, wo sie wieder herauskommt.

Kullerbahn

Viele Wege gibt es, die eure Kugeln herunterkullern können, denn es gibt auch viele Möglichkeiten, die Kugeln in ihre Bahn einzuwerfen.

So bastelt ihr das
Marionettentier:

Sein Körper ist eine Versandrolle,
die mit einem Sägemesser in drei
Teile zersägt wird. Schwanz und
Schnauze sind aus Küchenpapier-
rollen, die Füße sind Klopapier-
rollen.

Die Zeichnung zeigt euch, wo ihr
mit einem Nagel Löcher bohren
und Schnüre durchziehen
müßt. Als Haltegriffe nehmt ihr
Stöcke oder, wenn ihr habt, Haltegriffe aus dem Kaufhaus.

Ist euer Tier
fertiggebastelt,
faßt ihr oben
an die Griffe
und laßt es
wackeln und
tanzen.

Ihr müßt die Fäden
durch die Löcher
ziehen und innen
einen dicken knoten
machen.

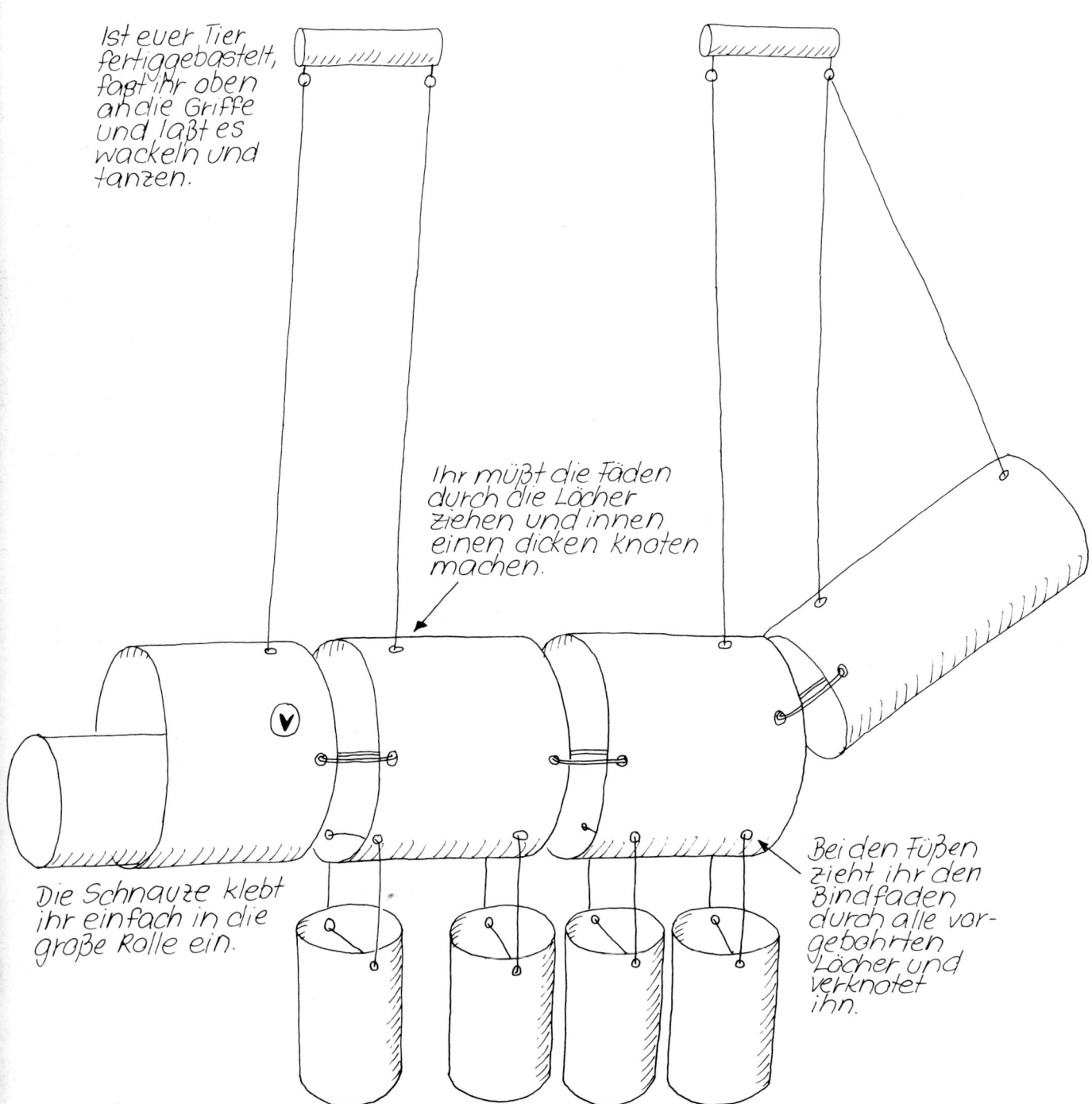

Die Schnauze klebt
ihr einfach in die
große Rolle ein.

Bei den Füßen
zieht ihr den
Bindfaden
durch alle vor-
gebohrten
Löcher und
verknotet
ihn.

„Feuerfauch"

So heißt dieses schreckliche
Ungeheuer, das mit Füßen,
Kopf, Schwanz und Bauch
wackeln kann. Achtung, gut
an der Leine halten, sonst
reißt es aus!

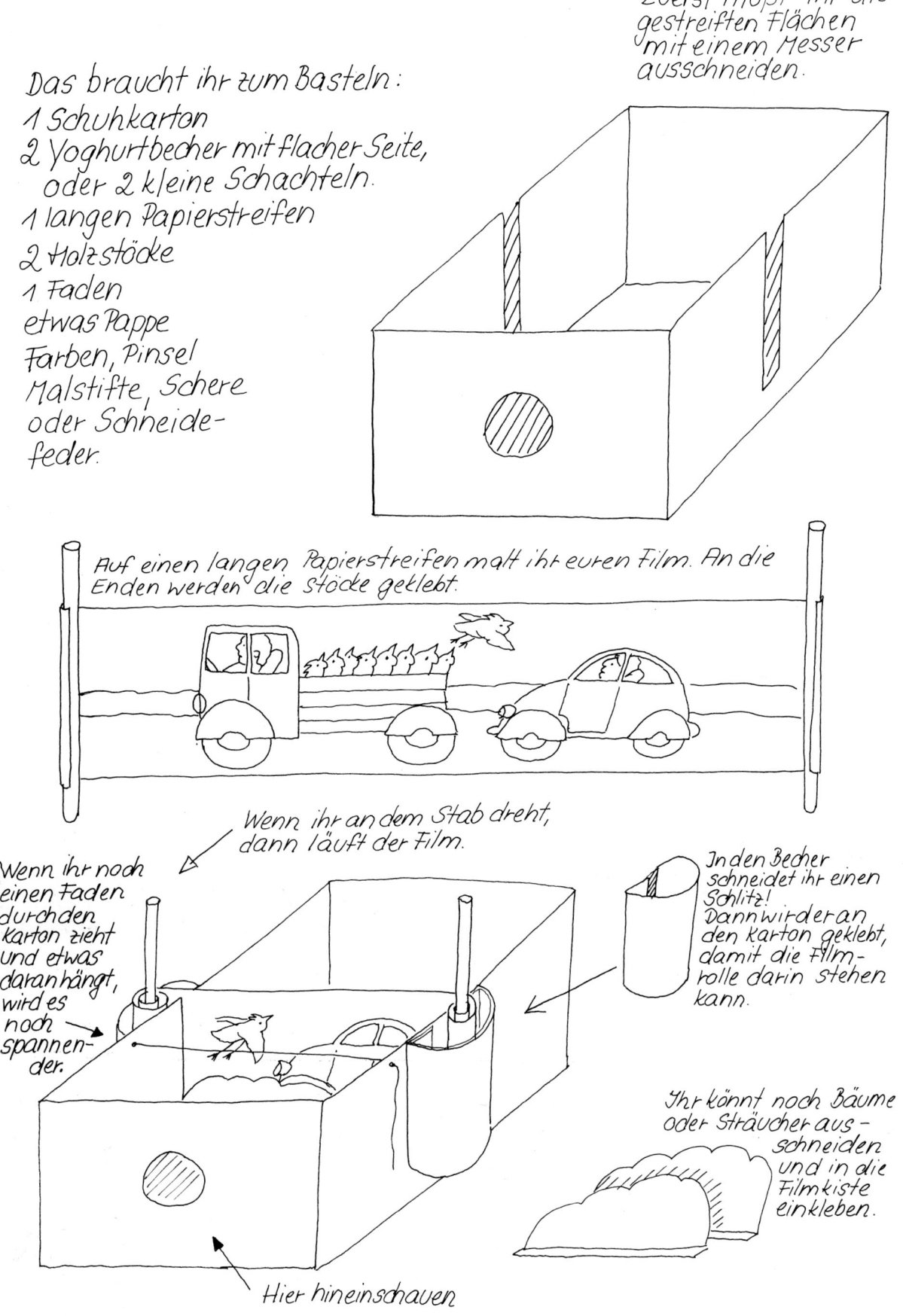

Das braucht ihr zum Basteln :
1 Schuhkarton
2 Yoghurtbecher mit flacher Seite,
   oder 2 kleine Schachteln.
1 langen Papierstreifen
2 Holzstöcke
1 Faden
etwas Pappe
Farben, Pinsel
Malstifte, Schere
oder Schneide-
feder.

Zuerst müßt ihr die gestreiften Flächen mit einem Messer ausschneiden.

Auf einen langen Papierstreifen malt ihr euren Film. An die Enden werden die Stöcke geklebt.

Wenn ihr an dem Stab dreht, dann läuft der Film.

Wenn ihr noch einen Faden durch den Karton zieht und etwas daran hängt, wird es noch spannender.

In den Becher schneidet ihr einen Schlitz! Dann wird er an den Karton geklebt, damit die Film- rolle darin stehen kann.

Ihr könnt noch Bäume oder Sträucher aus- schneiden und in die Filmkiste einkleben.

Hier hineinschauen

Schachtelkino

Ein bißchen malen, kleben, ausschneiden – und du kannst deine Freunde ins Kino einladen. Ins Schachtelkino! Bei uns hier läuft gerade der Film „Die Abenteuer der Zaunkönigin". Der Vogel schwebt an einem Faden, dahinter läuft die Filmlandschaft vorbei, von Hand gedreht. Sicher fällt dir selbst ein kleiner Film ein, den du auf einen Papierstreifen malst.

Für das Advents-Puzzle
braucht ihr:
ein Papier, so groß, daß 24
Streichholzschachteln darauf
Platz haben, dann braucht
ihr noch: einen Malkasten,
Pinsel, Klebstoff, die 24 Streich-
holzschachteln und 24 kleine
Überraschungen wie Bonbons,
Münzen, kleine Bilder...

Und so wird's gemacht:
Auf das Papier malt ihr einen
Weihnachtsmann, einen Tan-
nenbaum oder was euch so
einfällt. Dann schneidet ihr
das Papier in 24 Teile, die ihr
auf die Streichholzschachteln
klebt. In jede Schachtel füllt
ihr eine Überraschung. Vielleicht
verschenkt ihr das Puzzle an je-
manden, den ihr gerne mögt.

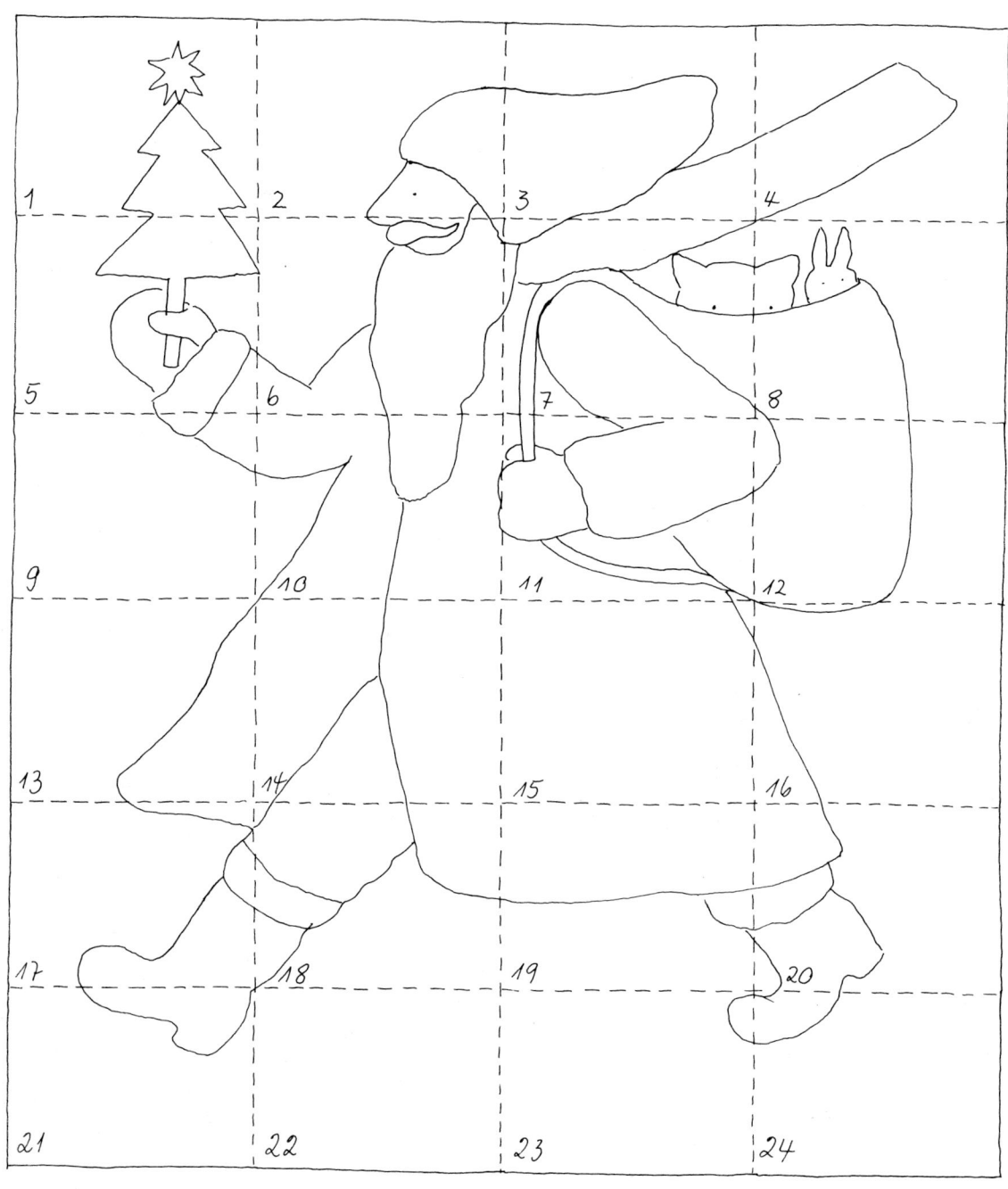

72

Adventspuzzle

Aus 24 Streichholzschachteln und einem schönen Bild könnt ihr ein Puzzle basteln. Ihr könnt die Schachteln mit Bonbons, Bildern und anderen Kleinigkeiten füllen und das Puzzle jemandem schenken.

Für den Vogel braucht ihr:
Zeitungspapier, Kleister, Pinsel, Farben, 2 Luft-ballon's, Kreppapier, eine Schnur und Bonbons, die zum Schluß in den Bauch des Vogels gefüllt werden.

Zeitungspapier

Kleister

1. Rührt Kleister in einem Topf an.

2. Blast die Luftballons auf. Einen großen und einen kleinen.

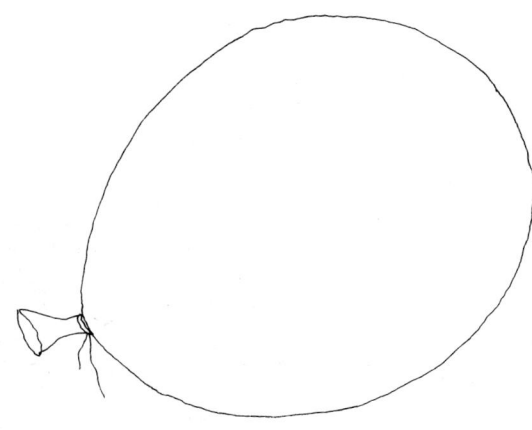

3. Streicht das Zeitungspapier mit Kleister ein und wickelt es Schicht für Schicht um die Ballons. Formt vorn an dem kleinen Ballon einen Schnabel.

4. Klebt die Ballons aneinander und wartet, bis sie hart und trocken sind. Am besten laßt ihr sie über Nacht liegen.

Bonbons einfüllen.

5. Schneidet ein Loch in den Rücken des Vogels und stecht noch 2 kleinere Löcher, durch die ihr eine Schnur zieht.

6. Malt das Tier an und klebt Flügel und Schwanz aus Kreppapier auf.

Pinata

In Mexiko feiert, singt und tanzt man in den Nächten vor Weihnachten. Die Kinder spielen „Pinata": Ein bunter Pappvogel, den Bauch gefüllt mit Süßigkeiten, wird draußen aufgehängt. Ein Kind nach dem anderen bekommt die Augen zugebunden und muß dann versuchen, den Vogel mit einem Stock so heftig zu treffen, daß sein Bauch aufplatzt. Wenn es dann Bonbons regnet, schnell die Augenbinde herunter und Bonbons aufgesammelt, soviel man erwischen kann. Wollt ihr auch einmal Pinata spielen?

Man braucht dazu: Kleister, Zeitungspapier, Kreppapier, Farbe, Pinsel und zwei Luftballons.

Die Luftballons werden aufgeblasen und mit dem eingekleisterten Zeitungspapier dreimal umwickelt.

Der kleinere Luftballon wird als Kopf genommen. Wenn der Kleister getrocknet ist, wird der Kopf an den Körper geklebt. Mit einer Nadel kann man durch das Papier stechen, dann weicht die Luft aus dem Ballon.

Wenn der Vogel richtig durchgetrocknet ist, wird er bemalt. Mit einem spitzen Messer wird oben eine Öffnung eingeschnitten, in die die Süßigkeiten gefüllt werden können.

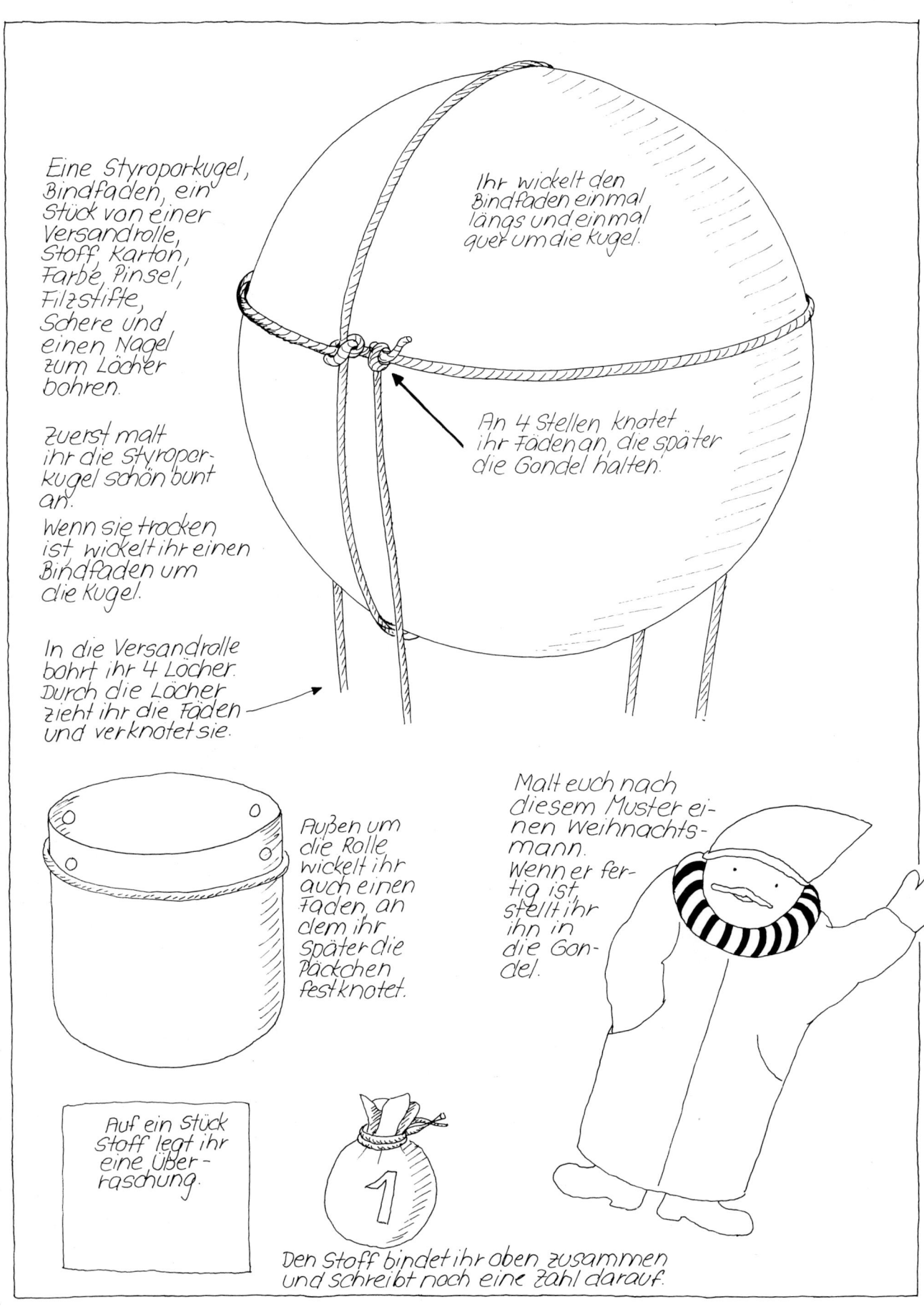

Eine Styroporkugel, Bindfaden, ein Stück von einer Versandrolle, Stoff, Karton, Farbe, Pinsel, Filzstifte, Schere und einen Nagel zum Löcher bohren.

Zuerst malt ihr die Styroporkugel schön bunt an.
Wenn sie trocken ist wickelt ihr einen Bindfaden um die Kugel.

In die Versandrolle bohrt ihr 4 Löcher. Durch die Löcher zieht ihr die Fäden und verknotet sie.

Ihr wickelt den Bindfaden einmal längs und einmal quer um die kugel.

An 4 Stellen knotet ihr Faden an, die später die Gondel halten.

Außen um die Rolle wickelt ihr auch einen Faden, an dem ihr später die Päckchen festknotet.

Malt euch nach diesem Muster einen Weihnachtsmann. Wenn er fertig ist stellt ihr ihn in die Gondel.

Auf ein Stück Stoff legt ihr eine Überraschung.

Den Stoff bindet ihr oben zusammen und schreibt noch eine Zahl darauf.

Advents-
ballon

Im Ballon schwebt der Weihnachtsmann gerade-wegs in dein Zimmer herab. Von seinem Ballast kannst du in der Adventszeit jeden Tag ein Säckchen ab-schneiden, bis der Ballon am 24. „landet": Dann ist Weihnachten.

Für die Pinguine
braucht ihr:
schwarzen und weißen
Karton, leere Klopapier-
rollen, Klebstoff, Farben
und Pinsel.

Für die Schneeland-
schaft braucht ihr
Styropor.

Wollt ihr einen Advents-
kalender basteln,
braucht ihr 23 Pinguine.

Die 24 ist ein Iglu
aus Styroporteilchen.

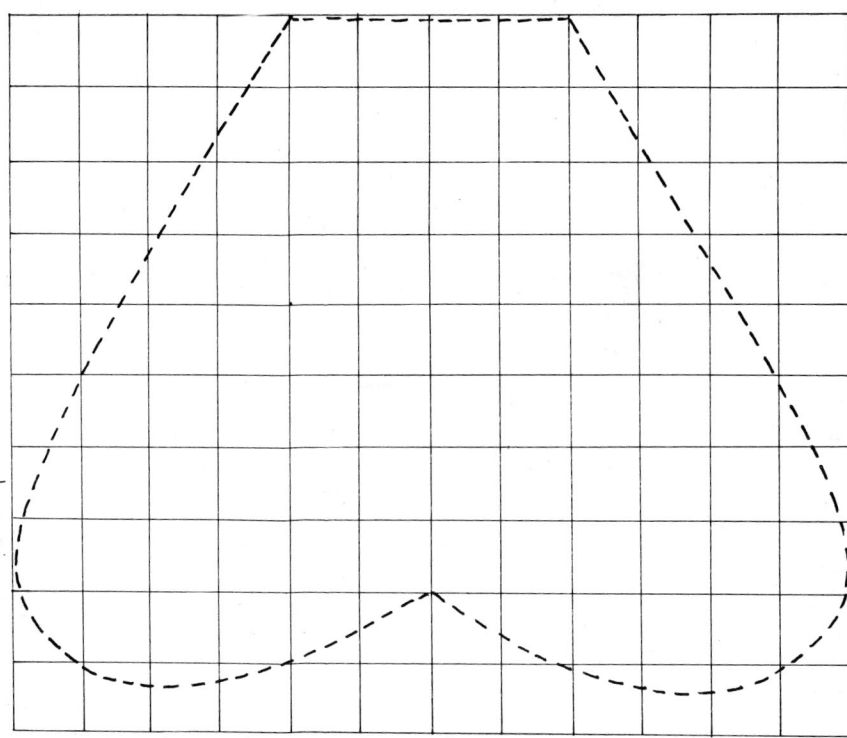

Zuerst schneidet ihr nach diesem Muster die Flügel
zurecht.

Dann schneidet ihr die
Füße aus.

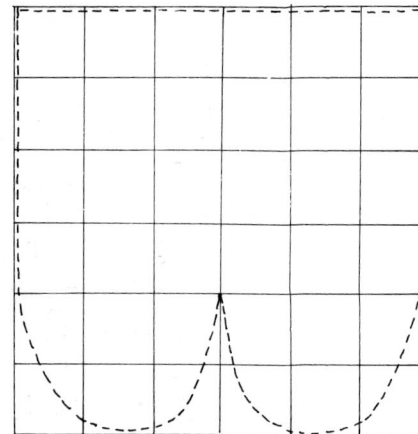

So muß die Form
des Schnabels
sein. Er wird
in der Mitte ge-
faltet.

Füße und
Flügel klebt
ihr an die
weiß bemal-
ten Rollen.
Ihr malt dem
Vogel Augen
auf, klebt
den gelben
Schnabel
an und
fertig ist
der Pin-
guin.
Wer ihn
für einen
Advents-
kalender
braucht,
malt eine
Zahl auf den
Körper und füllt
eine Überraschung
in den Bauch.

Die Pinguin-Familie

Eine Schneelandschaft mit 23 Pinguinen und einem Iglu – so könnte euer Adventskalender aussehen. Wollt ihr ihn für euch oder für eure Freunde basteln? Die größte Überraschung wird im Iglu versteckt.

Burg der 24 Geheimnisse

Überall in ihren Mauern sind Geheimverstecke für kleine Adventsschätze! Sie ist aus Kartons, Streichholzschachteln und Pappröhren gebaut. Die Teile werden so über- und nebeneinander auf einen Pappboden geklebt, daß sich die Schachteln auch öffnen lassen. Natürlich muß die Burg noch schön angemalt werden; vergiß dabei nicht die Zahlen 1 bis 24. Wenn du diese Burg über Nacht stehen läßt – vielleicht füllt sie jemand mit 24 kleinen Geheimnissen?